AF567907

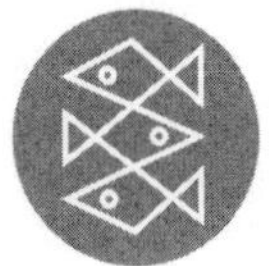

Auf der Suche nach den besten Wetten ist Richard Wiseman um die ganze Welt gereist. Das Ergebnis: 101 Wetten, die auf den ersten Blick unmöglich zu gewinnen scheinen, die aber leicht zu gewinnen sind, wenn man ihr Geheimnis kennt. Und genau diese Geheimnisse verrät Wiseman in diesem Buch. So sind die Wetten nicht nur ein unterhaltsamer Partyspaß, sondern auch das Tor zur ernsten Wissenschaft und zu verblüffenden Tatsachen und neuen Erkenntnissen über das Leben und das Universum.

Richard Wiseman war als profesioneller Zauberkünstler tätig, bevor er Psychologie studierte und schließlich die Leitung der Psychologie-Abteilung der Hertfordshire University übernahm. Er hat sich international einen Namen gemacht durch seine Arbeiten in unkonventionellen Bereichen der Psychologie wie Täuschung, Humor und das Paranormale. Der leidenschaftliche Wissenschaftler ist bekannt für seine kreativen medialen Auftritte. Er hat einen eigenen YouTube-Kanal, genannt Quirkology. Seine Bücher »Quirkology«, »Machen, nicht denken!« und »Wie Sie in 60 Sekunden Ihr Leben verändern« waren international große Bestseller. Zuletzt erschien von ihm im Fischer Taschenbuch Verlag »Superschlaf. So werden aus schlechten Schläfern gute Schläfer und aus guten Schläfern Superschläfer« (2015).

Weitere Informationen finden Sie auf www.fischerverlage.de

RICHARD WISEMAN

101 WETTEN, die man GARANTIERT GEWINNT

Aus dem Englischen von
Gabriele Gockel

FISCHER Verlag

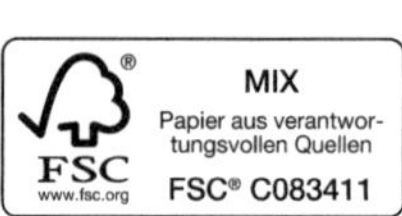

Erschienen bei FISCHER Taschenbuch
Frankfurt am Main, Oktober 2017

Die englische Originalausgabe erschien 2016
unter dem Titel: »101 Bets You Will Always Win.
The Science of the Seemingly Impossible«
im Verlag Boxtree, London

Satz: Dörlemann Satz, Lemförde
Druck und Bindung: CPI books GmbH, Leck
Printed in Germany
ISBN 978-3-596-29703-0

INHALT

Willkommen
1

Bevor wir anfangen
3

Körpermagie
Zehn Arten, eine Wette mit Händen und Füßen zu gewinnen
5

Geld gilt
Zehn Arten, eine Wette mit Münzen und Scheinen zu gewinnen
23

Streichholztricks
Zehn Arten, eine Wette mit Streichhölzern zu gewinnen
39

Ein Blick über den Tellerrand
Zehn Arten, eine Wette durch Querdenken zu gewinnen
55

Streberwissen
Zehn Arten, eine Wette mit besonders raffinierter Wissenschaft zu gewinnen
69

Wasserwerke
Zehn Arten, eine Wette mit Wasser zu gewinnen
83

Küchenkapriolen
Zehn Arten, eine Wette mit Lebensmitteln zu gewinnen
97

Und plötzlich erkennen Sie es
Zehn Arten, eine Wette mit Magie und Täuschung zu gewinnen
111

Im Nu zum Superhelden werden
Zehn Arten, eine Wette zu gewinnen, indem man das Unmögliche vollbringt
123

Spiel mit dem Feuer
Zehn Arten, eine Wette mit Kerzen und Streichhölzern zu gewinnen
137

Glück gehabt
149

Dank
151

Machen wir gleich einmal einen Versuch.

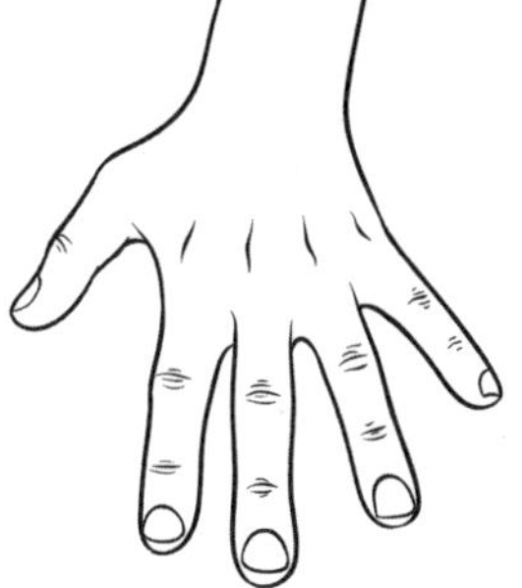

Legen Sie bitte Ihre Hand flach auf den Tisch.

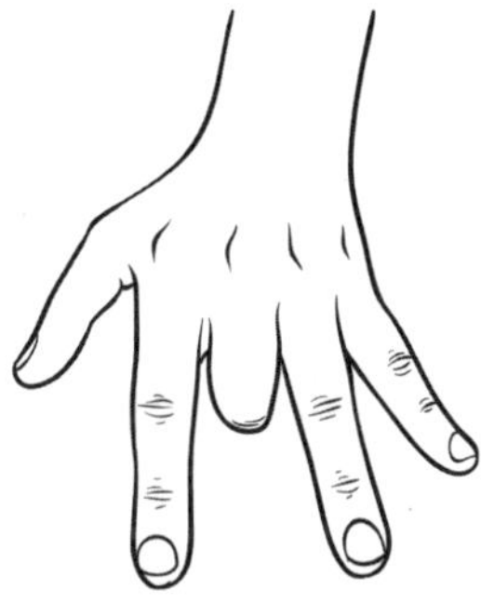

Dann knicken Sie den Mittelfinger nach unten ab, so dass der Knöchel den Tisch berührt wie in der Abbildung. Perfekt.
Ich wette, dass Sie den Ringfinger nicht auf und ab bewegen und damit auf den Tisch klopfen können.

Klingt einfach? Aber egal, wie sehr Sie es versuchen, es wird Ihnen nicht gelingen!

Trotzdem Gratulation, Sie haben soeben Ihre erste Wette durchgeführt, und Sie können andere damit unterhalten und verblüffen.
Doch Halt. Ich höre schon, wie die Neugierigen unter Ihnen denken: »Das ist toll, aber warum ist das so?« Eine hervorragende Frage, und ich freue mich, dass Sie sie gestellt haben.
Ihre Unterarmmuskeln sind durch feste Bänder aus Gewebe, die sogenannten Sehnen, mit Ihren Fingerknochen verbunden. Wenn Sie die Unterarmmuskeln zusammenzie-

hen, spannen sich die Sehnen, und Ihre Finger bewegen sich.

Daumen, Zeigefinger und kleiner Finger haben jeweils eigene Sehnen, während sich Mittel- und Ringfinger eine Sehne teilen. Wenn man den Mittelfinger unter die Hand biegt, wird diese Sehne gestreckt, und so kann man den Ringfinger nicht mehr bewegen.

Und warum haben diese beiden Finger zusammen nur eine Sehne? Weil man sie braucht, wenn man große Gegenstände greift, und sie effektiver sind, wenn sie zusammenarbeiten. Wissenschaftler meinen, dieser Mechanismus habe sich entwickelt, damit unsere Primatenvorfahren schwere Steinwerkzeuge halten konnten.

Nun wissen Sie es also. Noch vor einem Augenblick war dies eine Scherzwette. Und jetzt illustriert sie ein entscheidendes Stadium in der menschlichen Evolution, die den Gang der Geschichte verändert hat.

Ach ja, Sie können die Hände wieder vom Tisch nehmen.

WILLKOMMEN

In diesem Buch geht es darum, wie man das Unmögliche vollbringen kann. Auf der Suche nach den besten Wetten und Wettbewerben weltweit bin ich um den ganzen Globus gereist. Weder Kosten noch Mühen scheuend, habe ich schließlich 101 Wetten ausfindig gemacht, die völlig unmöglich erscheinen, aber leicht zu gewinnen sind, wenn man ihr Geheimnis kennt.

Doch es handelt sich nicht nur um Wetten, mit denen man Freunde beeindrucken und unterhalten kann. Sie sind auch ein Tor zur ernsten Wissenschaft und zu verblüffenden Tatsachen und zu neuen Erkenntnissen über das Leben, das Universum und alles andere, die Sie in die Lage versetzen, bei anderen zu punkten.

Der Start steht unmittelbar bevor. Legen Sie den Sicherheitsgurt an, denn gleich werden Sie in eine bizarre Welt eintreten, in der nichts so ist, wie es scheint - in eine Welt voller erstaunlicher Tricks, brillanter Wissenschaft und ausgefuchster Rätsel. In eine Welt mit 101 faszinierenden Wetten, die Sie alle gewinnen werden.

Viel Spaß

Richard Wiseman

BEVOR WIR ANFANGEN

Für manche Wetten in diesem Buch benötigt man Alltagsgegenstände wie Gläser, Messer und Streichhölzer, die in ungeschickten Händen gefährlich sein können. Wir erklären hiermit, dass wir keine Verantwortung für etwaige körperliche oder finanzielle Schäden übernehmen, die Sie womöglich bei der Durchführung der Wetten erleiden; das Weiterlesen erfolgt also auf eigene Gefahr! Wir gehen davon aus, dass jeder, der jetzt umblättert, furchtlos und stark ist. Ach ja, und falls Sie noch jung sind, sorgen Sie dafür, dass ein Erwachsener dabei ist, wenn Sie eine Wette abschließen, bei der Feuer und scharfe Gegenstände zum Einsatz kommen. Vielen Dank.

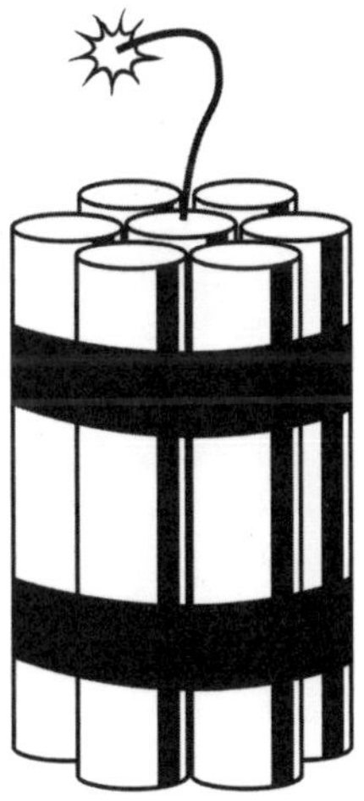

KÖRPERMAGIE

Zehn Arten, eine Wette mit Händen und Füßen zu gewinnen

VERBLÜFFENDE FAKTEN ÜBER IHREN KÖRPER

- Ihr Herz schlägt jeden Tag über 100.000-mal.
- Etwa 60 Prozent Ihres Körpers besteht aus Wasser.
- Ihr Körper legt sich jeden Monat eine vollständig neue Außenhaut zu.
- Ein Viertel aller Knochen Ihres Körpers befindet sich in den Füßen.
- Ein Stück Ihrer Knochen von der Größe einer Streichholzschachtel kann viermal mehr Gewicht tragen als Beton.

HIER BRAUCHEN SIE IHRE HÄNDE

Für diese Wette müssen Sie nichts weiter tun, als Ihre beiden Hände hochzuhalten und zu sagen: »Wenn meine Daumen als Finger zählen, wie viele Finger halte ich hoch?«

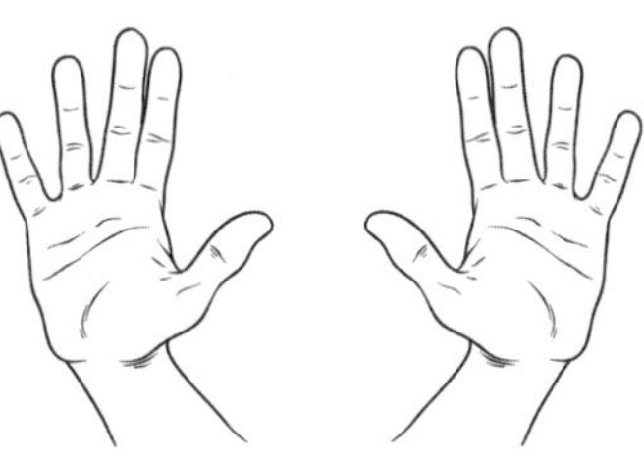

Die richtige Antwort lautet zehn. Sagen Sie dann: »Wenn das hier also zehn Finger sind, wie viele Finger haben dann zehn Hände?« Fast jeder wird antworten: 100. Die richtige Antwort aber heißt: 50!

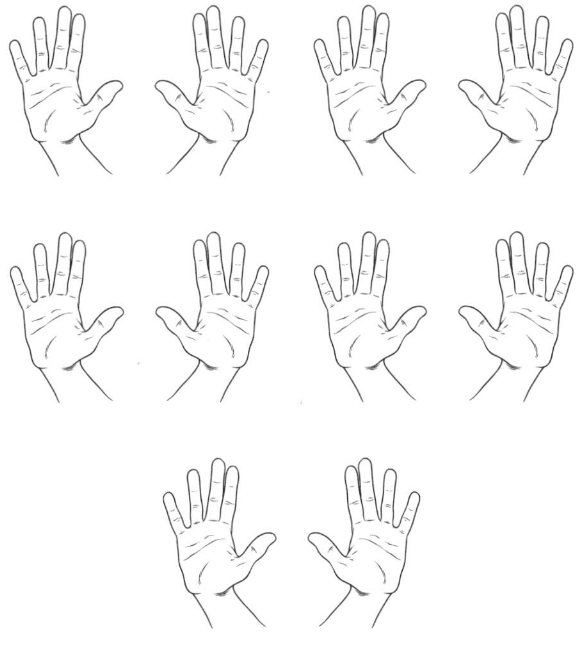

KNACKPUNKT

Bitten Sie Ihre Freunde, eine Hand auszustrecken. Legen Sie dann ein Streichholzstück über den Mittelfinger wie in der Abbildung.

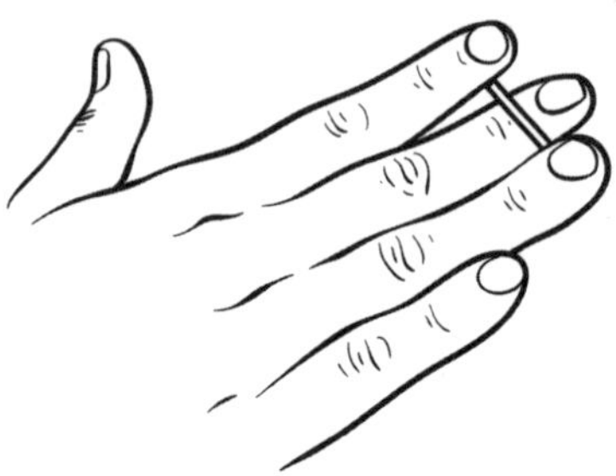

Schließlich sagen Sie, sie müssten das Streichholzstück durchbrechen, indem sie den Zeige- und den Ringfinger nach unten drücken. Es klingt einfach, und sie werden die Wette annehmen. Aber es wird ihnen nicht gelingen, und Sie werden die Wette gewinnen!

Wenn Sie das Streichholzstück am Mittelfinger Ihres Wettpartners weiter nach unten schieben und ihn auffordern würden, das obere Glied seines Zeige- und Ringfingers nach unten zu biegen, kann er das Streichholzstück ganz leicht durchknicken. Warum? Weil dann die Finger Ihrer Freunde als Hebel wirken. Der Schlüssel zu jedem starken Hebel ist die Entfernung zwischen dem Gegenstand, den man heben (oder, wie in diesem Fall, durchbrechen) möchte, und dem Punkt, an dem der Hebel ansetzt, dem sogenannten Drehpunkt. In unserem Fall ist der Drehpunkt jeweils der Knöchel an der Fingerwurzel Ihres Wettgegners. Je näher man das Streichholzstück an diesen Drehpunkt schiebt, desto größer ist die mechanische Wirkung, während sie im Bereich der Fingerspitzen geringer und es dort fast unmöglich ist, das Streichhholz durchzubrechen.

Der berühmte Mathematiker und Ingenieur des alten Griechenland Archimedes beschrieb dieses Phänomem in seinem Bestseller von 250 v. Chr. *Über das Gleichgewicht ebener Flächen,* und er war sich seiner Erkenntnis so sicher, dass er den bekannten Ausspruch tat: »Gebt mir einen festen Punkt, und ich hebe die Welt aus den Angeln.« Damals nahm niemand diese kühne Behauptung des Archimedes ernst, was vielleicht bedauerlich ist, denn mittlerweile haben Mathematiker herausgefunden, dass Archimedes, um die Wette zu gewinnen, einen Winkelhebel mit einem langen Arm benötigt hätte, der 1.000.000.000.000.000.000.000-mal länger ist als der kurze Arm!

SCHNAPP ZU, WENN DU KANNST

Bitten Sie einen Freund, Daumen und Zeigefinger etwa 2,5 Zentimeter auseinander zu halten wie in der Abbildung.

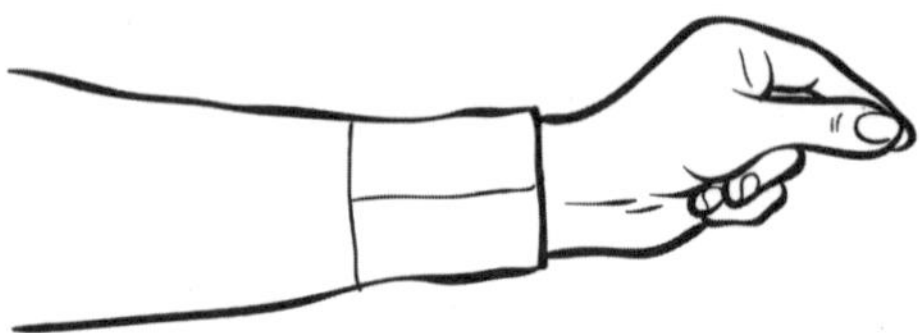

Halten Sie nun eine Banknote in den Raum zwischen den beiden Fingerspitzen Ihres Freundes.

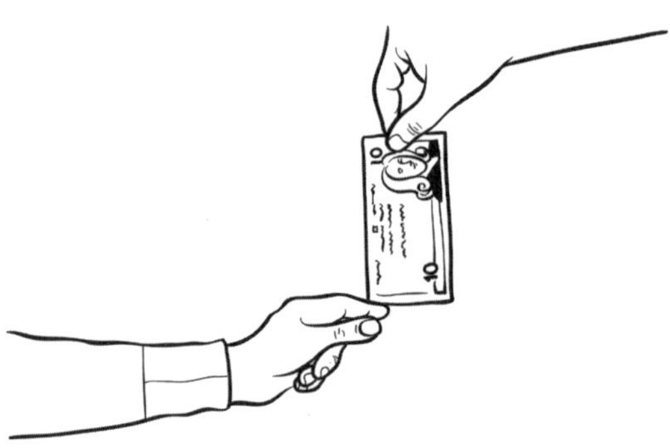

Erklären Sie dann, Sie würden gleich den Schein fallen lassen und er könnte den Schein behalten, wenn er ihn zu fassen bekäme. Erstaunlicherweise wird ihm das nicht gelingen.

Sie können dieselbe Methode anwenden, um Ihr eigenes Reaktionsvermögen zu testen.

1) Halten Sie Daumen und Zeigefinger etwa 2,5 Zentimeter auseinander.
2) Bitten Sie einen Freund, ein 30 cm langes Lineal an einem Ende (so nah wie möglich an der letzten Markierung) zu fassen und das andere Ende zwischen Ihre beiden Fingerspitzen zu halten.
3) Erklären Sie Ihrem Freund, er solle einen Augenblick warten und dann ohne Vorankündigung das Lineal fallen lassen.
4) Schnappen Sie das Lineal, sobald Sie sehen, dass es sich bewegt.
5) Schauen Sie, an welcher Stelle Sie das Lineal erwischt haben und bestimmen Sie anhand der folgenden Tabelle Ihre Reaktionszeit:

Zentimeter	Reaktionszeit in Sekunden
5	0,1
10	0,14
15	0,17
20	0,2
25	0,23
30	0,25

Die meisten Menschen erwischen das Lineal zwischen der 20 cm- und der 25 cm-Markierung, also mit einer Reaktionszeit von etwa 0,2 bis 0,23 Sekunden. Wenn Sie das Lineal mehrmals ungefähr bei der 11,5 cm-Markierung zu fassen bekommen, haben Sie das Reaktionsvermögen eines Profisportlers – oder Sie haben gemogelt.

FEST VERBUNDEN

Legen Sie eine Hand flach auf den Kopf und wetten Sie mit Ihren Freunden, dass diese es nicht schaffen werden, Ihre Hand von Ihrem Kopf hochzuziehen. Obwohl es ganz einfach zu sein scheint, das zu tun, ist es unmöglich, und Sie werden die Wette gewinnen.

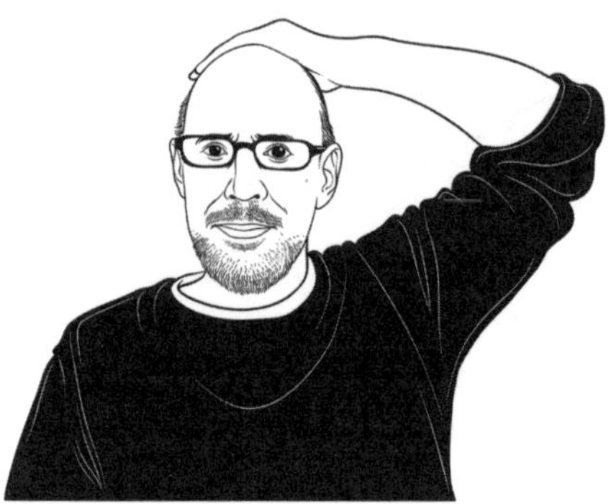

Warum ist das nicht möglich? Wenn Ihre Freunde versuchen, Ihren Unterarm hochzuziehen, ziehen sie Ihren Oberarm mit. Zum Glück ist aber Ihr Oberarm fest mit dem Rest Ihres Körpers verbunden, und so versucht Ihr Freund, ohne es zu merken, Ihr ganzes Körpergewicht zu heben!

HABEN SIE ES FAUSTDICK HINTER DEN OHREN?

Bitten Sie einen Freund, eine Faust auf die andere zu legen. Dann packen Sie mit der rechten Hand die obere Faust und mit der linken die untere. Anschließend ziehen Sie die rechte Hand nach rechts und die linke nach links. Ihr Freund wird somit sehen, wie leicht es ist, seine Fäuste voneinander zu trennen.

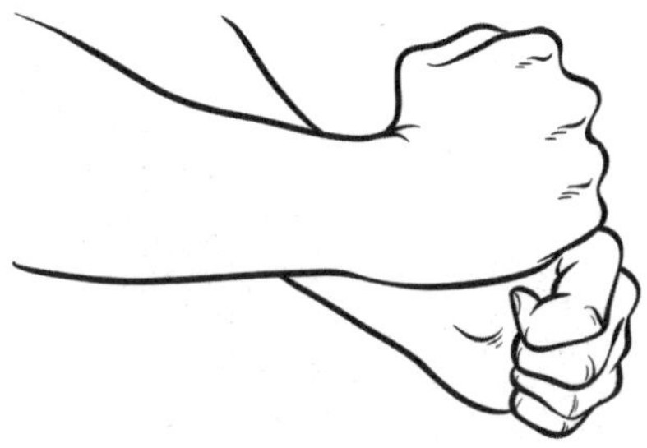

Nun wetten Sie mit Ihrem Freund, dass er sich sehr schwertun wird, seinerseits *Ihre* Fäuste voneinander wegzuziehen. Um diese Wette zu gewinnen, müssen Sie eine kleine List anwenden. Wenn Sie eine Faust auf die andere pressen, strecken Sie heimlich den Daumen der unteren Hand nach oben, so dass die Finger der oberen Hand ihn umschließen! Auf diese Weise wird Ihr Freund Schwierigkeiten haben, Ihre Fäuste voneinander zu trennen.

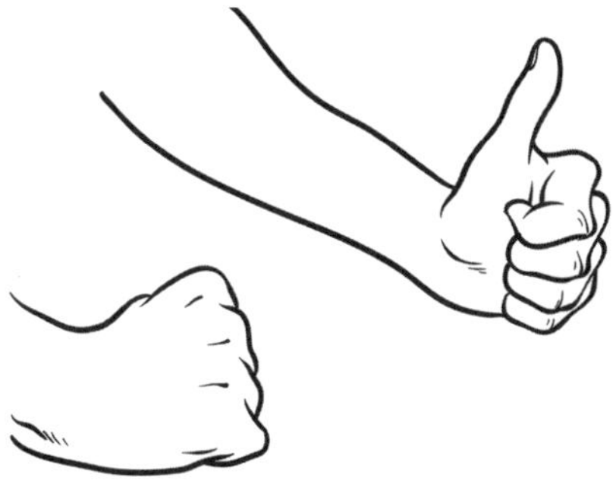

SCHNELLHYPNOSE

Wetten Sie mit einem Freund, dass Sie mit der Kraft der Hypnose seine Finger bewegen können. Wenn er die Wette annimmt, fordern Sie ihn auf, die Hände zu falten und die Zeigefinger nach oben zu strecken wie in der Abbildung. Bitten Sie ihn dann, Ihnen in die Augen zu blicken und bis fünf zu zählen. Sagen Sie ihm, dass er jetzt hypnotisiert ist und sich vorstellen soll, dass sich seine beiden Zeigefinger langsam aufeinander zubewegen. Verblüffenderweise tun sie das tatsächlich!

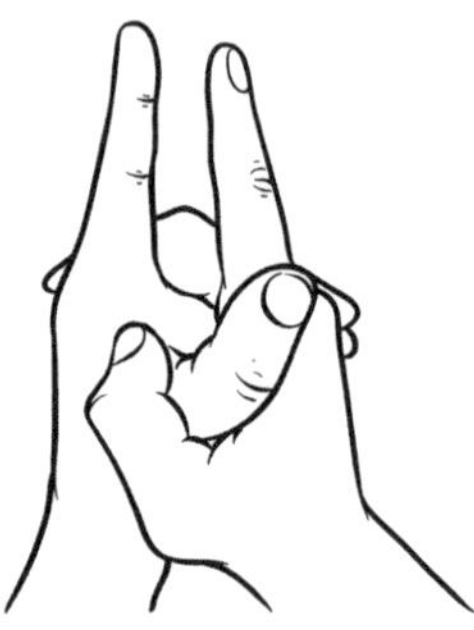

Eigentlich handelt es sich hier nicht um eine Demonstration von Hypnose. Vielmehr verhält es sich so, dass es beträchtliche Anstrengung kostet, den Abstand zwischen den beiden Zeigefingern zu halten, denn wegen der Ermüdung der Muskeln wandern sie langsam aufeinander zu.

Die moderne Hypnose hat ihre Wurzeln in der Arbeit des charismatischen und aufsehenerregenden österreichischen Arztes Dr. Franz Anton Mesmer, der im 18. Jahrhundert lebte. Bei seinen Sprechstunden setzte sich Mesmer vor seine Patienten und sah ihnen fest in die Augen. Viele von ihnen hatten dabei seltsame Empfindungen und erlebten plötzliche Krämpfe, nach denen sie sich angeblich besser fühlten.

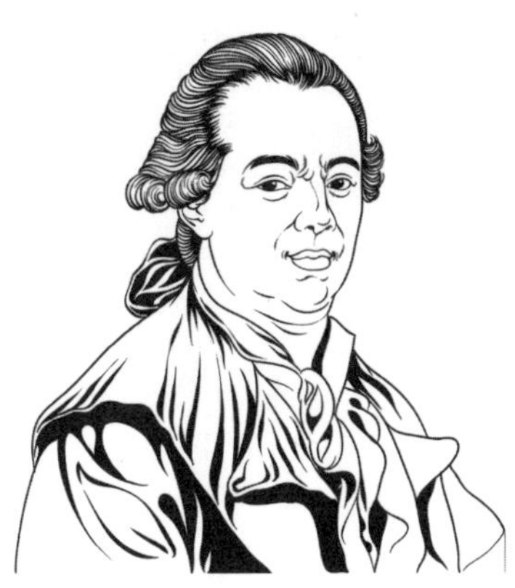

Im Jahr 1784 beauftragte König Louis XVI von Frankreich eine Kommission, der auch Benjamin Franklin angehörte, Mesmers Hypnosemethode zu prüfen. Franklin verband einigen Patienten die Augen, so dass sie nicht wussten, ob Mesmer sie mit seiner magischen Methode behandelte oder nicht. Auf diese Weise fand Franklin heraus, dass die Patienten nur dann von positiven Wirkungen berichteten, wenn sie glaubten, behandelt worden zu sein. Daraus schloss Franklin, dass Mesmers »Heilungen« allesamt auf Selbsttäuschungen beruhten.

Dennoch lebt Mesmers Erbe fort, weil die Untersuchung der Kommission zu den ersten gehörte, bei denen der Blindtest – heute in der Wissenschaft gang und gäbe – angewandt wurde, und weil seine Arbeit zu der Wortbildung »mesmerisieren« führte, was so viel bedeutet wie faszinieren und erstaunen.

Über 200 Jahre später sind sich die Wissenschaftler immer noch nicht einig darüber, was eigentlich passiert, wenn Menschen hypnotisiert werden. Manche Forscher glauben, die Hypnose sei ein bestimmter Bewusstseinszustand, während andere meinen, es handle sich um eine ungewöhnliche Art der Schauspielerei. Jedenfalls lautet die gute Nachricht, dass die Technik angewandt werden kann, um Menschen dazu zu bringen, eine Zwiebel zu essen, sich wie ein Huhn zu verhalten und Einzelheiten ihres Bankkontos preiszugeben.

FESTGELD

Bitten Sie einen Freund, die Hände zu falten und die Zeige- und Ringfinger aufzurichten wie in der Abbildung.

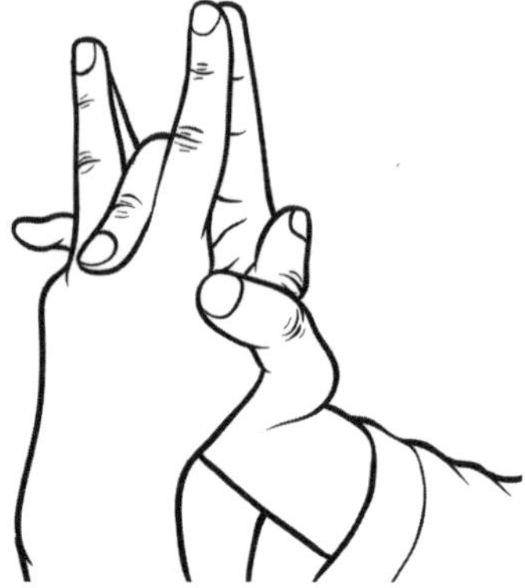

Schieben Sie dann eine Münze zwischen die beiden Ringfinger und wetten Sie mit ihm, dass er die Finger nicht trennen und die Münze fallen lassen kann.

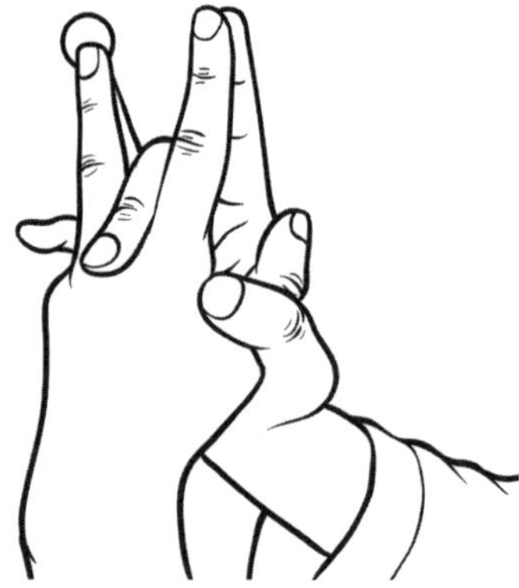

So leicht es klingen mag - es ist unmöglich!

KREISEN LASSEN

Bitten Sie jemanden, sich auf einen Stuhl zu setzen, das rechte Bein über das linke zu legen und den rechten Fuß im Uhrzeigersinn kreisen zu lassen.

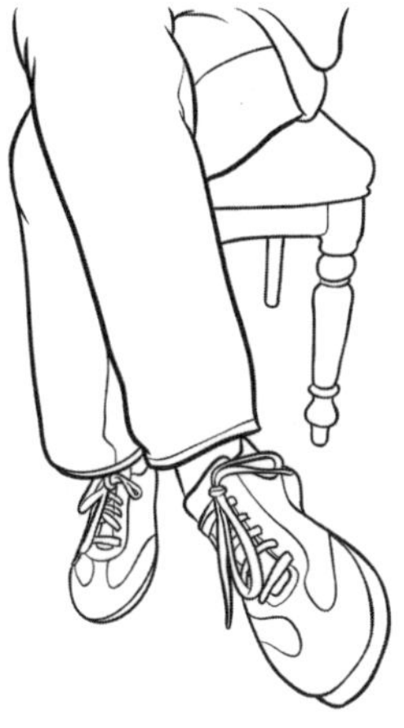

Sagen Sie ihm nun, dass Sie seinen Fuß in die entgegengesetzte Richtung kreisen lassen können, ohne ihn zu berühren. Um die Wette zu gewinnen, müssen Sie die betreffende Person lediglich auffordern, mit ihrem rechten Finger eine 6 in der Luft zu beschreiben.

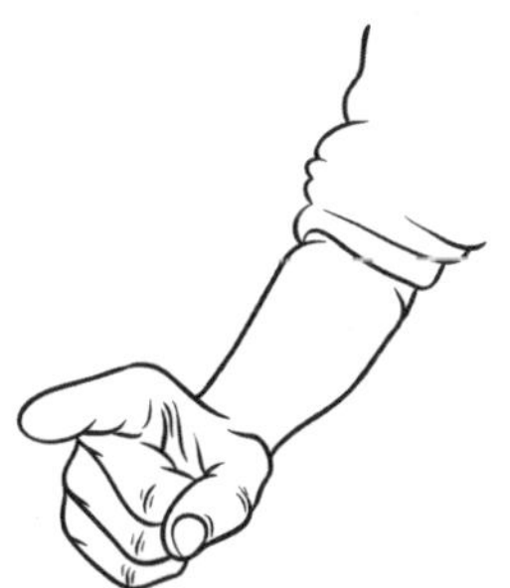

Fast jeder wird automatisch den Fuß in die andere Richtung kreisen lassen, und Sie werden die Wette gewinnen!

Die linke Seite des menschlichen Gehirns kontrolliert die rechte Seite des Körpers, und es fällt ihm schwer, gleichzeitig zwei entgegengesetzte Bewegungen hervorzurufen. Versuchen Sie es einmal mit dem rechten Fuß und der linken Hand, und Sie werden feststellen, dass das viel leichter ist.

DAS SCHWEBENDE WÜRSTCHEN

Erklären Sie Ihren Freunden, Sie seien in der Lage, vor ihren Augen auf magische Weise eine Wurst schweben zu lassen. Wenn sie auf die Wette eingehen, bitten Sie sie, die Spitzen ihrer Zeigefinger zusammenzuführen und sich die Hände in einem Abstand von etwa fünfzehn Zentimetern vor die Nase zu halten. Dann bitten Sie Ihre Freunde, einen Gegenstand in größerer Entfernung zu fokussieren. Nach kurzer Zeit werden sie feststellen, dass die Enden ihrer Finger zusammengewachsen zu sein scheinen und wie eine kleine Wurst aussehen! Und nicht nur das, wenn sie die Finger ein paar Millimeter voneinander wegbewegen, scheint die Wurst in der Luft zu schweben.

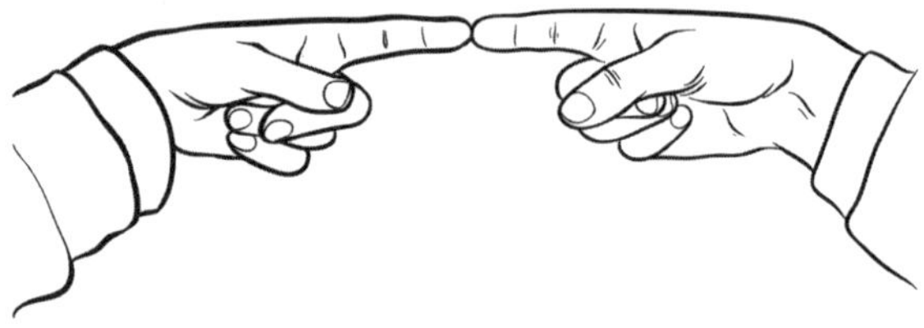

Im Jahr 1927 beschrieb der Psychologe W. L. Sharp von der University of Chicago erstmals diese Täuschung in einem wissenschaftlichen Artikel mit dem Titel »Die Illusion des schwebenden Fingers«. In diesem wenig bekannten Text erklärte Sharp, dass er häufig mit Hilfe einer Täuschung Neugier bei seinen Studenten wecke, und schrieb: »... nicht selten habe ich bemerkt, wie Studenten mit den Augen zwinkerten und heftig den Kopf schüttelten, als wollten sie sich wieder in die Wirklichkeit zurückkatapultieren.«
Die Illusion kommt zustande, weil die beiden Augen jeweils eine etwas unterschiedliche Sicht auf die Finger haben.

MAGNETISCHE FINGER

Ballen Sie die Hände zu Fäusten und strecken Sie beide Zeigefinger aus. Die Hände nah am Körper haltend, führen Sie die Fingerspitzen zusammen, so dass sie sich berühren.

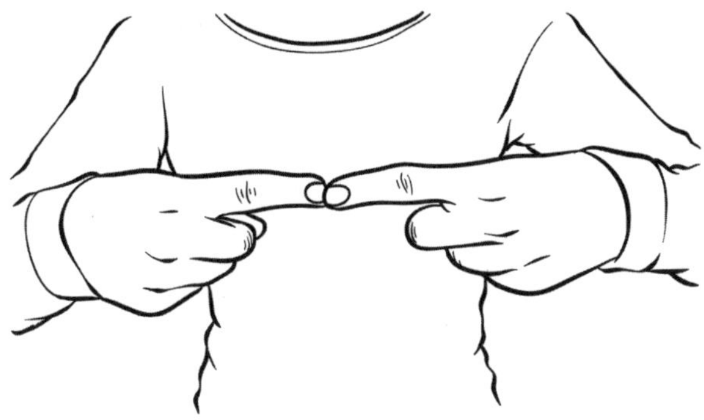

Fordern Sie nun jemanden auf, Ihre Handgelenke zu packen und die Finger voneinander zu trennen. Es erscheint ganz einfach, wird ihm aber nicht gelingen!

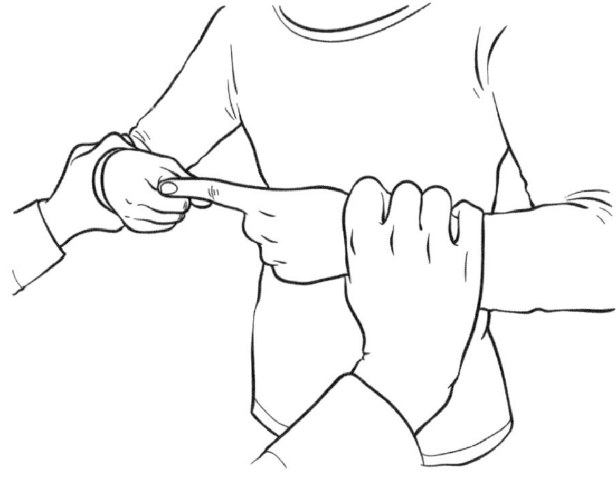

GELD GILT

Zehn Arten, eine Wette mit Münzen und Scheinen zu gewinnen

VERBLÜFFENDE FAKTEN ÜBER GELD

- Banknoten tauchten erstmals in China in der Zeit der Tang-Dynastie (618–907) auf, mehr als 500 Jahre vor ihrem Gebrauch in Europa.

- In längst vergangenen Zeiten schabten Gauner die Ränder von Silber- und Goldmünzen ab und verkauften das wertvolle Metall. Die Grate an den Außenrändern der Münzen wurden erfunden, um das zu verhindern.

- Die Herstellung einer 1-Cent-Münze kostet die amerikanische Münzanstalt 1,5 Dollarcent.

- Im Jahr 2002 entdeckten Forscher auf 94 Prozent untersuchter Dollarnoten Kotpartikel. Auf Papiergeld befinden sich unter Umständen mehr Keime als auf einer Toilette, und der Influenzavirus kann auf einem Geldschein bis zu 17 Tage überleben.

- Im Jahr 1978 war das Computerspiel Space Invaders in Japan so beliebt, dass es landesweit zu einem Engpass an 100-Yen-Münzen kam, die man für das Spiel benötigte.

DIE HÜPFENDE FLASCHE

Legen Sie eine Banknote auf einen Tisch und stellen Sie eine Flasche umgekehrt darauf wie in der Abbildung.

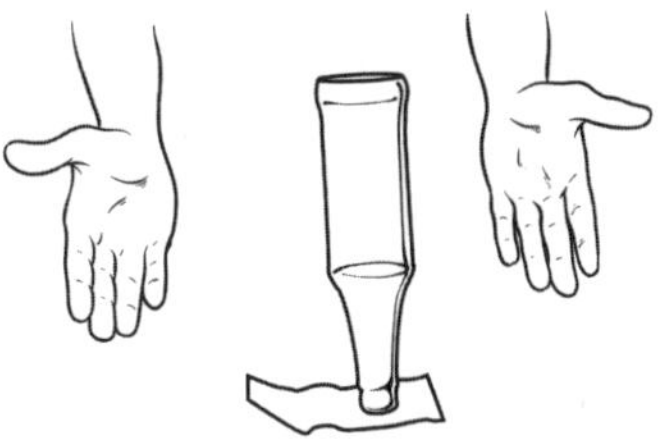

Wetten Sie darauf, dass Sie die Banknote entfernen können, ohne die Flasche zu berühren oder umzuwerfen. Um die Wette zu gewinnen, schließen Sie einfach eine Hand zu einer Faust und halten Sie das Ende der Banknote mit der anderen Hand fest.

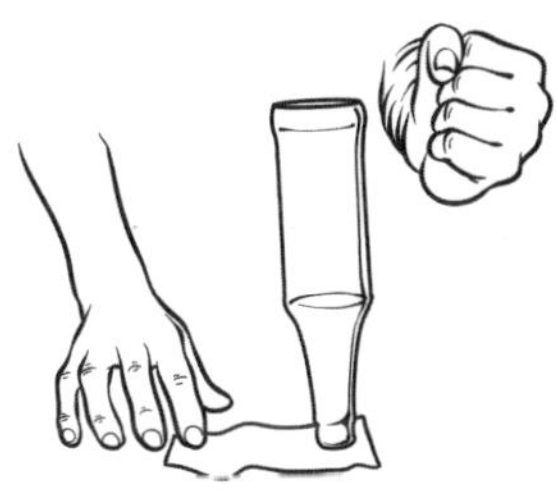

Wenn Sie mit der Faust auf den Tisch schlagen, wird die Flasche ein klein wenig in die Luft springen. Genau in diesem Augenblick ziehen Sie die Banknote unter der Flasche weg!

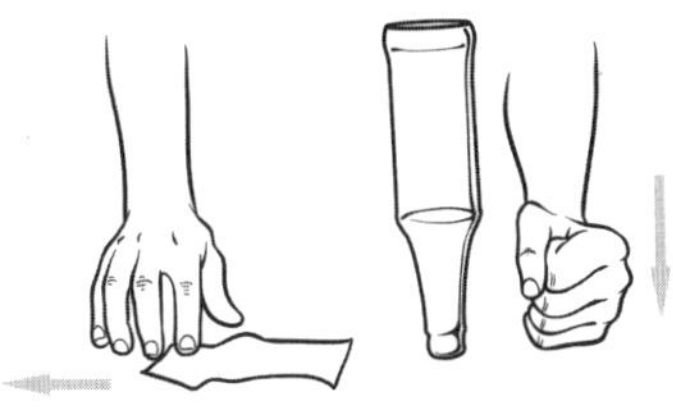

TRÄGES GELD

Legen Sie eine kleine Münze auf einen glatten Tisch und darauf mehrere größere Geldstücke.

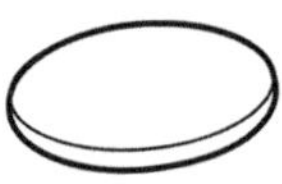
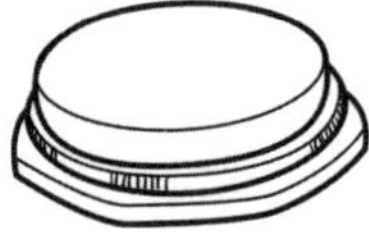

Fordern Sie dann Ihre Freunde auf, die kleine Münze zu entfernen, ohne die größeren zu berühren. Um die Wette zu gewinnen, nehmen Sie eine weitere kleine Münze und lassen sie rasch über die Tischplatte schnellen, so dass sie die kleine Münze unter dem Stapel trifft. Diese wird unter den größeren Münzen hervorschießen, und Sie können sie einfach wegnehmen.

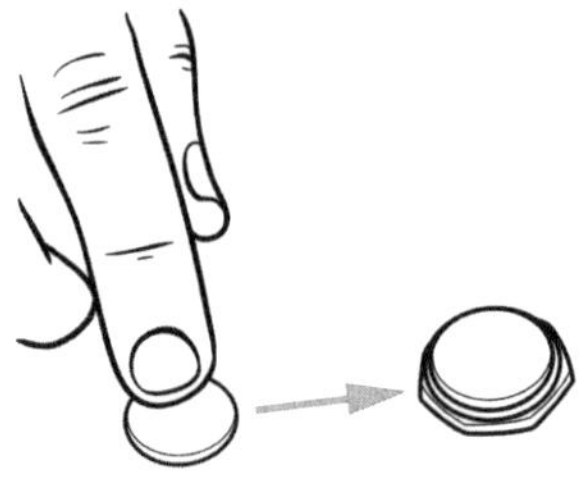

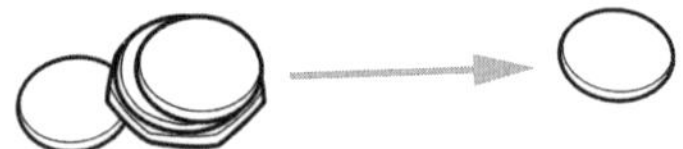

Der Naturwissenschaftler Sir Isaac Newton verbrachte viel Zeit damit, die Bewegungen von Gegenständen zu beobachten, und formulierte schließlich seine inzwischen berühmten Bewegungsgesetze. Bei dem Trick mit dem Münzstapel kommt Isaacs erstes Gesetz zum Tragen, nach dem unbewegte Körper an ihrem Platz bleiben, bis eine Kraft auf sie einwirkt. Er nannte dies »Trägheit«. Damit erklärte er, warum Menschen an einem Wintermorgen nur schwer aus dem Bett kommen (gut, das habe ich jetzt erfunden). Die kleine Münze schießt wegen der Kraft, die bei der Kollision auf sie trifft, unter dem Stapel hervor. Die anderen Münzen bleiben wegen ihrer Trägheit an ihrem Platz und fallen einfach auf das Geldstück, das über die Tischplatte geschnellt ist.

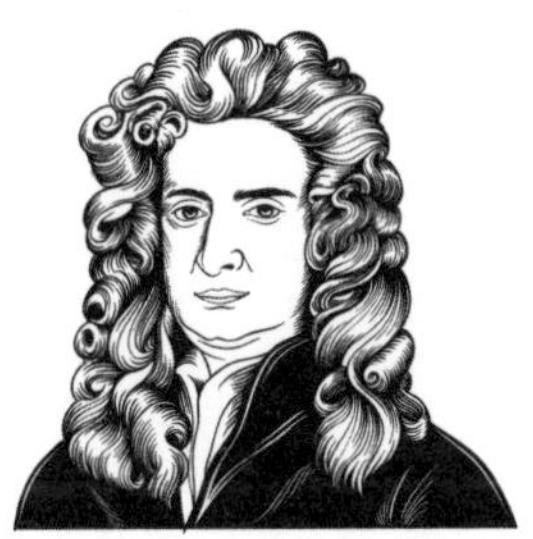

Obwohl Newton hauptsächlich wegen seiner wissenschaftlichen Leistungen bekannt wurde, war er sein Leben lang auch Alchemist und widmete dem Stein der Weisen viel Zeit – einem sagenhaften Stoff, mit dem man angeblich Blei in Gold verwandeln konnte. Doch leider brachte ihm die Arbeit daran buchstäblich den Tod, denn er musste dazu eine Quecksilberlösung destillieren. Eine neuere Analyse von den Haaren Newtons ergab einen sehr hohen Gehalt dieses chemischen Stoffes, was darauf hinweist, dass er an einer Quecksilbervergiftung starb.

EIN ÜBERBRÜCKUNGSDARLEHEN

Legen Sie eine Banknote auf den Tisch und erklären Sie, wer die folgende Wette gewinnt, bekommt das Geld. Dann stellen Sie zwei große Gläser und ein kleineres auf den Tisch und legen ein paar normal lange Streichhölzer dazu. Fordern Sie nun Ihre Freunde auf, die Gegenstände auf dem Tisch so zu arrangieren, dass das kleine Glas von einer Brücke zwischen den beiden größeren Gläsern getragen wird.

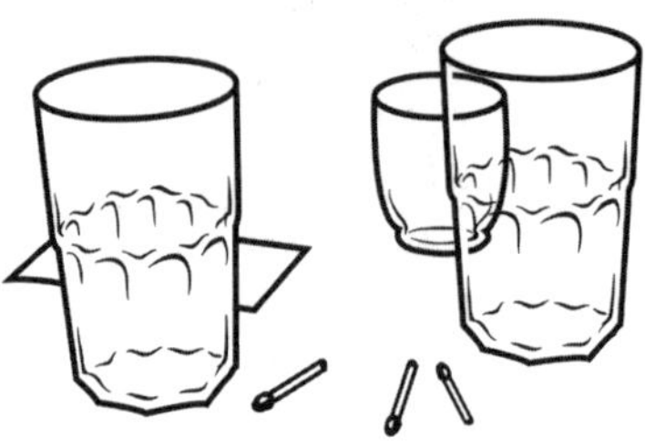

Die Streichhölzer dienen allerdings nur der Irreführung, denn um die Wette zu gewinnen, müssen Sie den Geldschein benutzen! Falten Sie ihn einfach der Länge nach zu einer Ziehharmonika, legen ihn wie eine Brücke auf die beiden großen Gläser, stellen das kleinere Glas darauf, und schon haben Sie die Wette gewonnen.

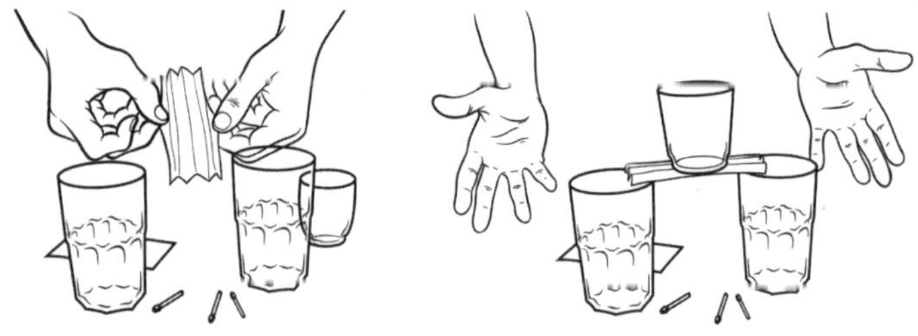

Der Geldschein trägt das Gewicht des Glases, weil er durch die Faltungen eine größere Stabilität erhält. Derselbe Gedanke führte zu einer der größten Erfindungen der Welt – der Schachtel aus Wellpappe. Diese erstaunliche Schöpfung geht auf das Jahr 1856 zurück, als der englische Zylinderhändler Edward Allen nach einer Möglichkeit suchte, zu verhindern, dass seine Hüte aus der Form gerieten. Angeregt durch die Kragen aus gekräuselter Spitze, die im 16. Jahrhundert verbreitet waren, entwickelte Allen plissiertes Papier, mit dem er seine Hüte ausstaffierte.

Im Jahr 1871 erhielt der in New York lebende Albert Jones ein amerikanisches Patent für dieselbe Konstruktion. Und nach ein paar Jahren erhöhten andere Erfinder die Stärke des plissierten Papiers noch mehr, indem sie es zwischen zwei Kartonbögen klebten. Um die Wende zum vorigen Jahrhundert rollte die erste Schachtel aus Wellpappe von einem amerikanischen Fließband. Die Firma, die die Schachtel produziert, stellte jedoch rasch fest, dass sie nichts zum Verpacken der Schachteln hatte, und konstruierte noch größere Schachteln. Im Lauf der Jahre führte der rapide Anstieg versendeter Güter zu einem schier unstillbaren Bedarf an Schachteln und Kisten, und manche Wirtschaftswissenschaftler behaupten sogar, dass die Weltwirtschaft ohne die Wellpappe nicht florieren würde. Und das nur, weil einmal ein Mann seine Zylinder in einem tadellosen Zustand halten wollte.

EIN GUTER GRIFF

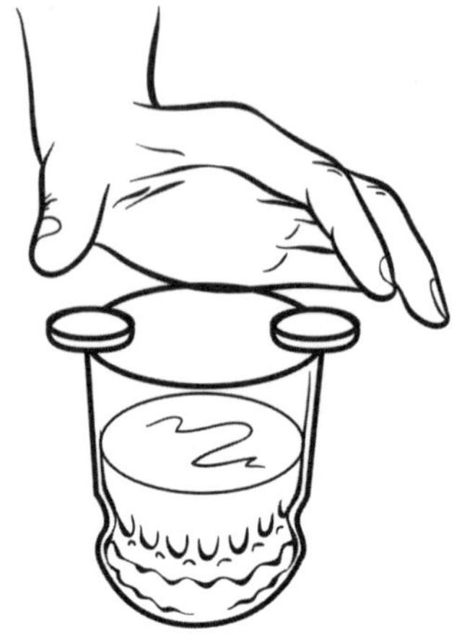

Legen Sie zwei Münzen auf den Rand eines Trinkglases und fordern Sie Ihre Freunde auf, das Glas hochzuheben. Ach ja, sie dürfen nur die Münzen berühren!

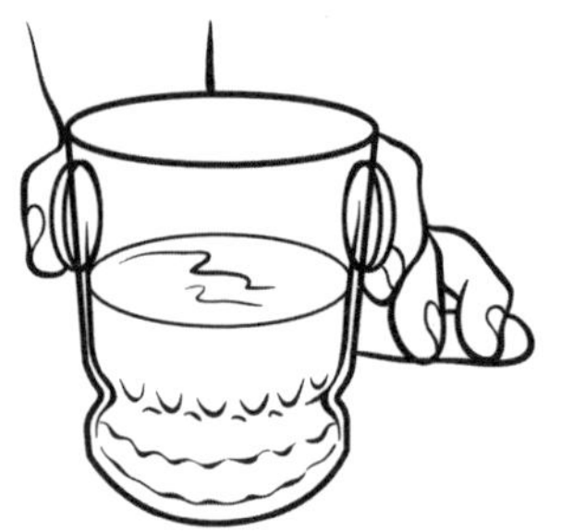

Um die Wette zu gewinnen, legen Sie Zeigefinger und Daumen auf die Münzen und schieben sie schnell an der Außenwand des Glases hinunter. Nun können Sie das Glas hochheben, indem Sie die Münzen fest an die Glaswand drücken.

LEBEN AM ABGRUND

Fordern Sie Ihre Freunde auf, eine kleine Münze auf der Kante eines Geldscheins zu balancieren. Wenn sie aufgeben, falten Sie den Schein »v«-förmig und legen die Münze auf die Spitze des »Vs«.

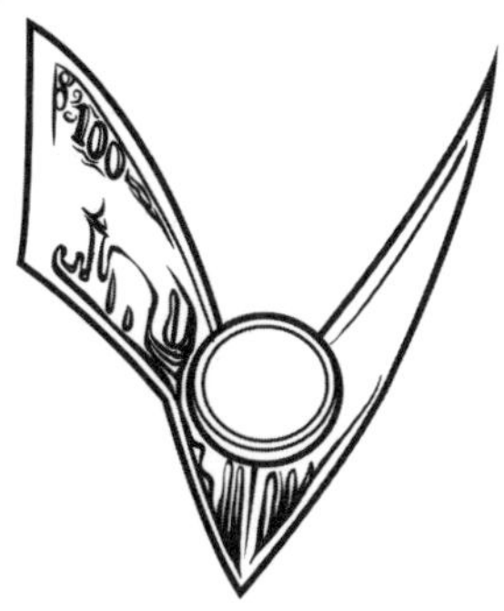

Anschließend ziehen Sie die Enden der Banknote langsam auseinander. Verblüffenderweise bleibt die Münze auf dem Schein liegen!

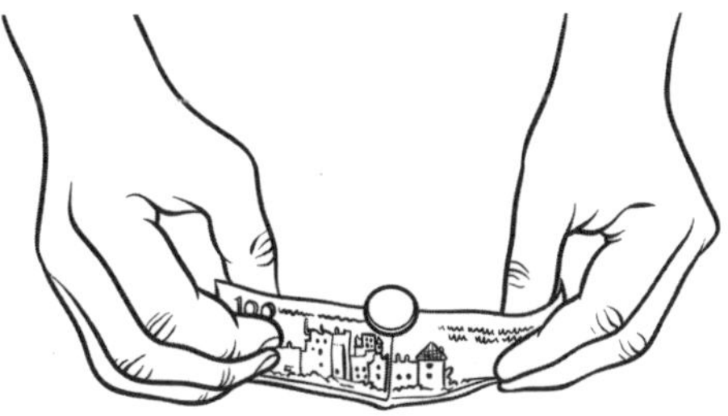

Die Wette gewinnt man leichter, wenn man einen frischen, noch etwas steifen Schein nimmt, da er stabiler ist.
Lassen Sie sich beim Auseinanderziehen der Banknote Zeit, und niesen Sie nicht!

MIT ETWAS PUSTE

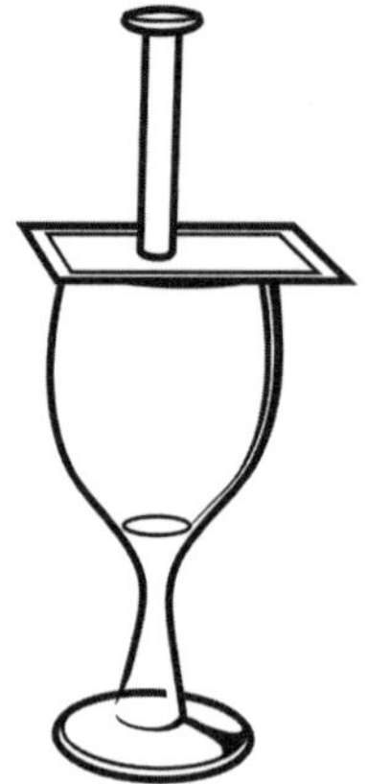

Legen Sie eine Spielkarte auf ein Glas, stellen Sie eine Papierrolle darauf und krönen Sie diese mit einer Münze. Fordern Sie nun Freunde auf, die Münze in das Glas fallen zu lassen, jedoch ohne Spielkarte, Papierrolle oder Münze zu berühren.

Wenn Ihre Freunde aufgeben, blasen Sie einfach die Spielkarte von unten an – die Papierrolle und die Karte werden wegfliegen, und die Münze fällt in das Glas.

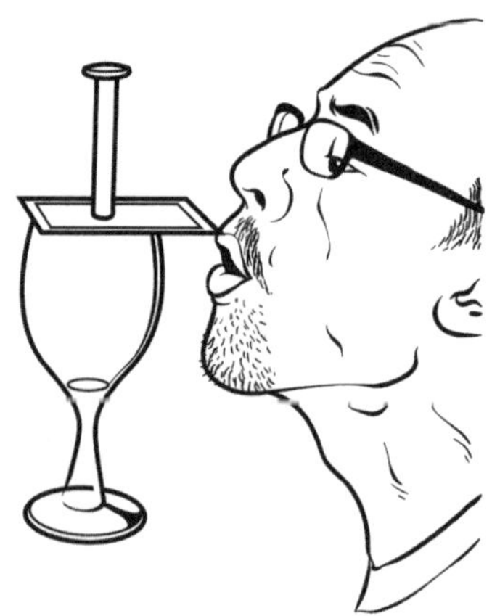

INFLATION

Legen Sie fünf oder sechs Centstücke auf den Tisch und stellen Sie ein weiteres senkrecht an den Rand einer der Münzen. Fragen Sie dann Ihr Publikum, wie viele Münzen man aufeinanderstapeln muss, um den oberen Rand der aufgestellten Münze zu erreichen.

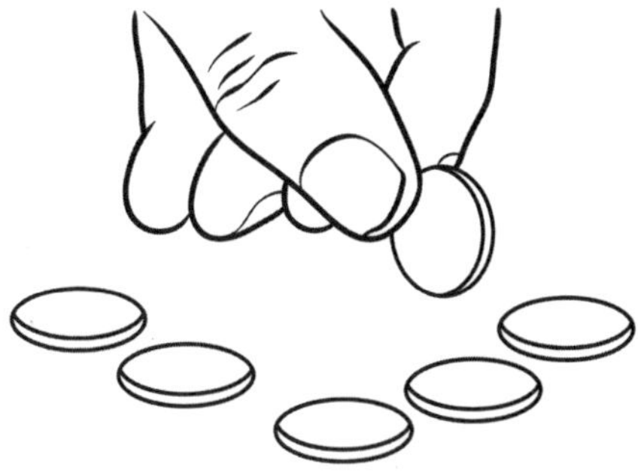

Wahrscheinlich schätzen die Leute die notwendige Anzahl auf fünf oder sechs. Sie werden die Wette gewinnen, denn man benötigt erstaunliche zwölf Münzen!

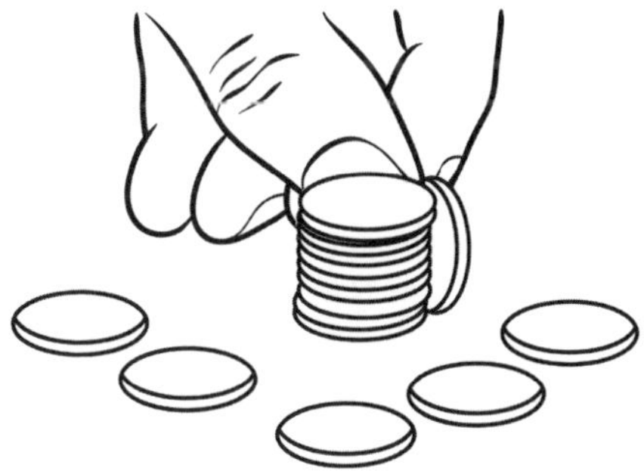

IM PLUS

Gießen Sie ein wenig Wasser in ein Glas und balancieren Sie dann eine Kreditkarte auf dem Glasrand wie in der Abbildung. Fordern Sie nun Ihre Freunde auf, ein paar Münzen auf den außen überstehenden Teil der Karte zu legen, ohne dass die Karte kippt.

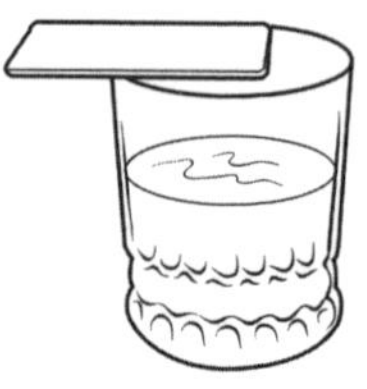

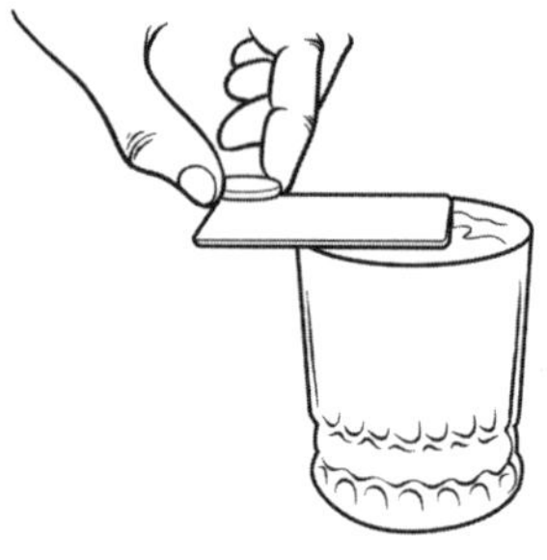

Sie werden mit ihren Versuchen unweigerlich scheitern, und die Kreditkarte wird immer wieder herunterfallen. Um die Wette zu gewinnen, füllen Sie das Glas randvoll mit Wasser und legen dann die Karte auf den Glasrand. Sie wird an der Wasseroberfläche haften, und Sie können mehrere Münzen auf das überstehende Ende legen.

Wassermoleküle ziehen einander an. Über den Molekülen auf der Oberfläche aber befindet sich Luft, somit gibt es weniger Partner, an die sie sich heften können. Folglich entwickeln sie besonders starke Bande zu den Molekülen in ihrer Umgebung, und die so entstehende Kohäsion erzeugt eine Oberflächenspannung. Diese wiederum bewirkt zunächst, dass die Karte oben bleibt. Und wenn sie mit dem Wasser in Kontakt kommt, ziehen sich die beiden ganz unterschiedlichen Molekülarten gegenseitig an, was dazu führt, dass sich die Karte nicht von der Wasseroberfläche löst.

EINE HEIKLE ANGELEGENHEIT

Legen Sie eine Münze zwischen zwei Würfel wie in der Abbildung.

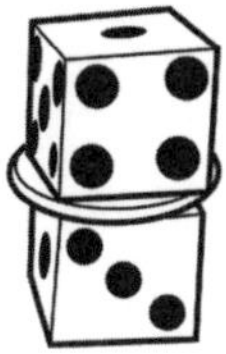

Reichen Sie einem Freund einen Kugelschreiber und fordern Sie ihn auf, damit die Münze zu entfernen, ohne dass der obere Würfel herunterfällt. Er darf die Münze jedoch nur mit dem Kugelschreiber berühren. Wenn er aufgibt, nehmen Sie den Kuli und drücken den Knopf herunter, halten ihn aber fest. Dann führen Sie den Knopf nahe an den Rand der Münze und lassen ihn los! Wenn er herausspringt, stößt er die Münze zwischen den Würfeln weg.

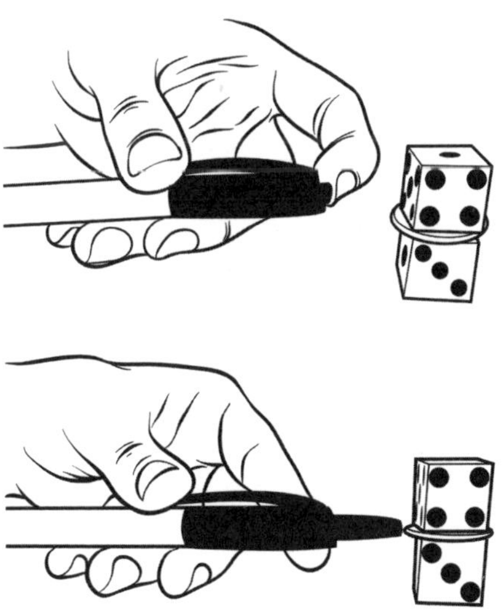

NUR EIN FINGER

Legen Sie einen Geldschein auf den Rand eines Flaschenhalses und darauf einige Münzen wie in der Abbildung.

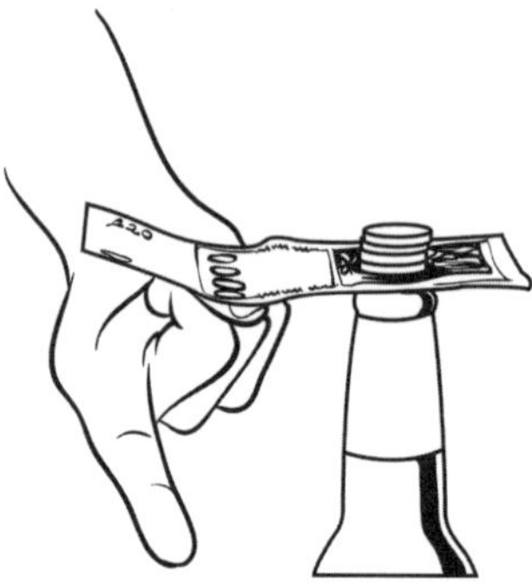

Fordern Sie nun Freunde auf, die Banknote zu entfernen, wobei die Münzen allerdings liegen bleiben müssen, und erklären Sie ihnen, dass sie, um die Aufgabe zu lösen, nur einen Finger benutzen dürfen. Die Lösung ist ziemlich einfach.

Lecken Sie kurz an Ihrem Zeigefinger, so dass die Spitze mit ein wenig Spucke bedeckt ist. Dann heben Sie die Hand und berühren mit dem Finger die überhängende Banknote, wärend Sie die Hand nach unten führen. Der Geldschein wird an dem befeuchteten Finger kleben bleiben und unter den Münzen wegflutschen.

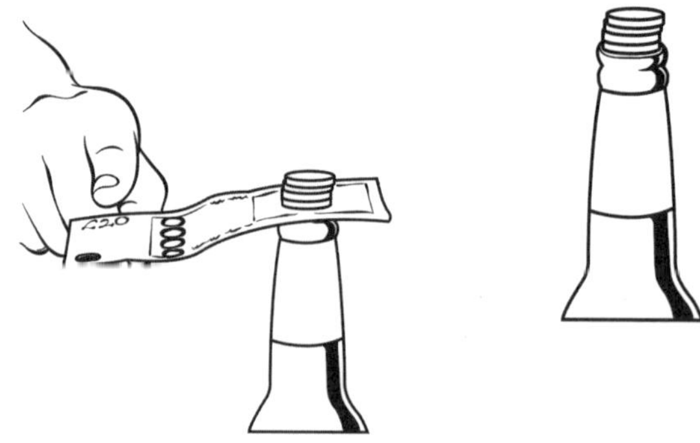

Warum muss man den Finger anlecken, um die Wette zu gewinnen? Der menschliche Körper produziert natürlicherweise Fett, das die Haut vor dem Austrocknen bewahrt. Dieses Fett macht die Finger relativ glatt, und deshalb besteht die Gefahr, dass man über die Banknote streicht, ohne sie unter den Münzen wegzuziehen. Wenn man jedoch den Zeigefinger mit ein wenig klebriger Spucke bestreicht, sorgt die zusätzliche Reibung dafür, dass die Banknote am Finger haftet und herausrutscht.

STREICHHOLZTRICKS

Zehn Arten, eine Wette mit Streichhölzern zu gewinnen

DIE ERSTAUNLICHE GESCHICHTE DES MODERNEN STREICHHOLZES

Feuer entfachen zu können ist für das menschliche Überleben entscheidend. Unsere Vorfahren erzeugten Feuer mit der Wärme eines rasch an einem Feuerstein geriebenen Stöckchens oder Eisenstabs. Das war nicht einfach und häufig ziemlich frustrierend. Im 19. Jahrhundert ermöglichte eine verblüffende Erfindung dann den Menschen, ihr Leben mit einer einfachen Handbewegung aufzuhellen. Auf den nächsten Seiten gehen wir den faszinierenden, manchmal bizarren und häufig geradezu erschreckenden Ereignissen nach, die zur Entwicklung des modernen Streichholzes führten. Es ist eine von Alchemisten, Urin und Mord bestimmte Geschichte. Eine Geschichte, die ich mit dem phantasievollen Titel »Geschichte des modernen Streichholzes in vier Teilen« versehen habe.

DAS PFERD WENDEN

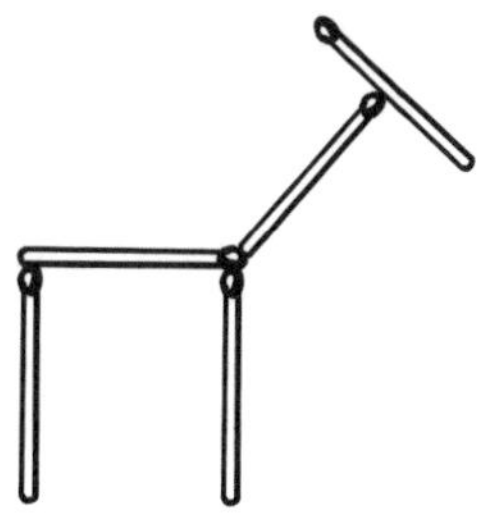

Legen Sie fünf Streichhölzer so auf ein Blatt Papier, dass sie ein nach rechts blickendes Pferd wie in der Abbildung bilden.

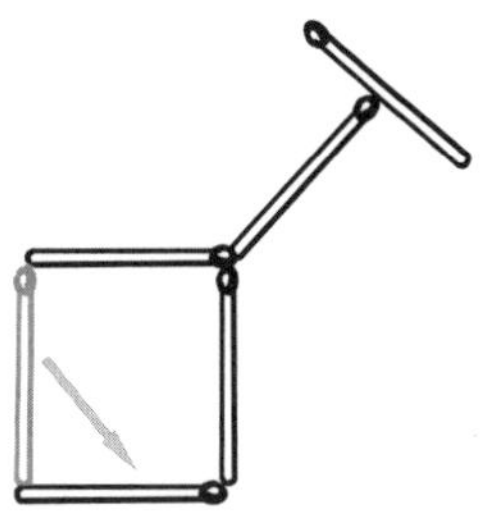

Fordern Sie nun Ihrer Freunde auf, das Pferd nach links blicken zu lassen, indem sie nur ein Streichholz bewegen. Um die Wette zu gewinnen, verschieben Sie das Hinterbein des Pferdes um neunzig Grad wie in der Abbildung ...

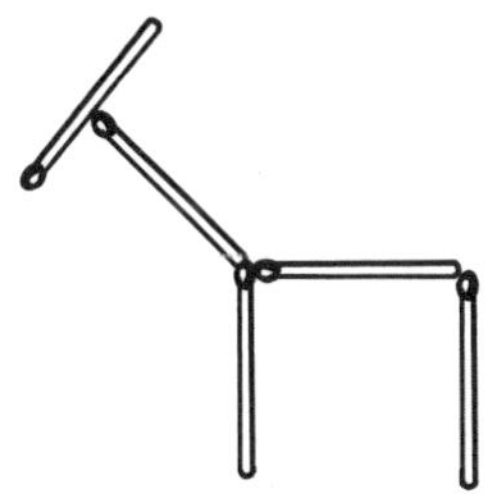

... und drehen dann das Blatt Papier um neunzig Grad nach links!

Erzählen Sie Ihren Freunden bei diesem Trick, dass Pferde ihre Kniescheiben blockieren und deshalb im Stehen schlafen können, was sehr praktisch ist, denn auf diese Weise können sie im Fall eines Angriffs schneller fliehen.

SQUARE-DANCE

Ordnen Sie vier Streichhölzer an wie in der Abbildung und fordern Sie Ihre Freunde auf, ein Quadrat zu bilden, indem sie nur ein Streichholz bewegen.

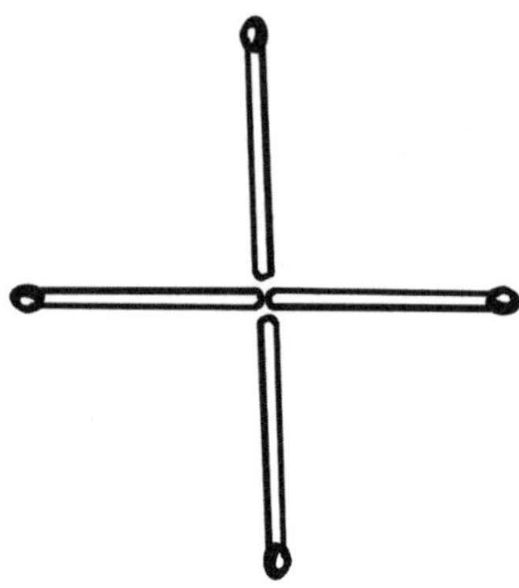

Um die Wette zu gewinnen, ziehen Sie eins der horizontal liegenden Streichhölzer nur ein kleines Stück zur Seite, so dass in der Mitte ein winziges Quadrat entsteht.

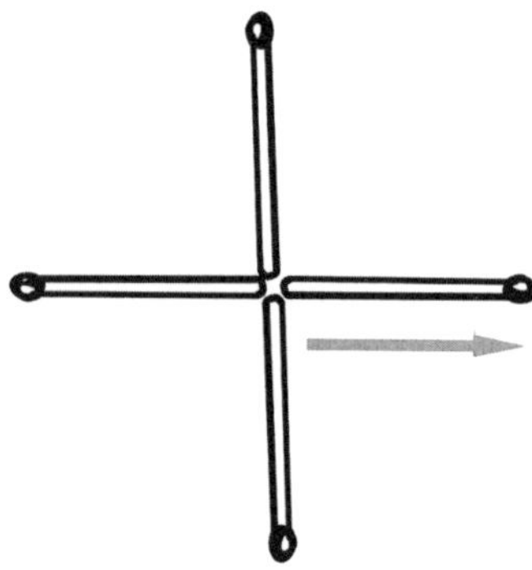

TRIANGELN

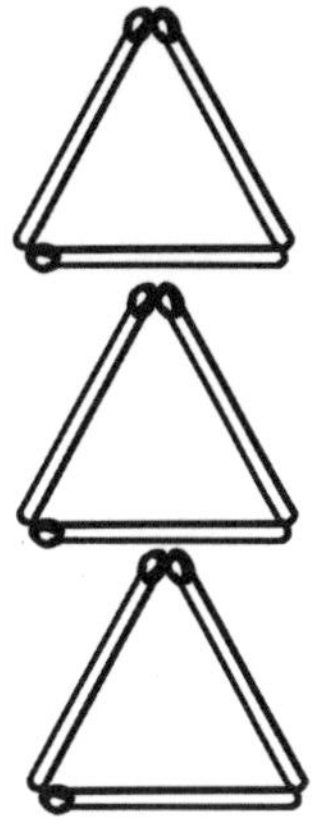

Bilden Sie aus neun Streichhölzern drei gleichseitige Dreiecke wie in der Abbildung.

Fordern Sie Ihre Freunde nun auf, drei Streichhölzer so zu verschieben, dass vier gleichschenkelige Dreiecke entstehen. Ach ja, keins der Streichhölzer darf ein anderes überlappen.

Sie gewinnen die Wette, indem Sie das obere Dreieck so verschieben, dass ein neues Dreieck entsteht, das die übrigen zwei Dreiecke berührt wie in der Abbildung.

EIN BERÜHRENDES RÄTSEL

Legen Sie sechs Streichhölzer auf einen Tisch und fordern Sie Ihre Freunde auf, sie so anzuordnen, dass jedes Streichholz alle anderen berührt. Nachdem sie sich vergebens bemüht haben, legen Sie die Streichhölzer wie in der Abbildung an- und übereinander.

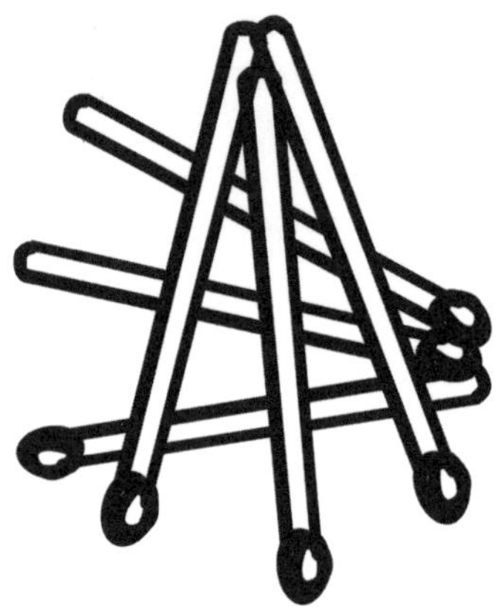

DIE GESCHICHTE DES STREICHHOLZES, TEIL EINS: LICHT BRINGENDE SKLAVEN

Zum ersten Mal erwähnt werden Streichhölzer in einem frühen chinesischen Manuskript mit dem Titel *Berichte über das Phantastische und Seltsame*. In diesem um 950 v. Chr. entstandenen bemerkenswerten Dokument wird erklärt, wie sich mit Schwefel bestrichene Kiefernholzstäbchen an einer Flamme entzünden. Diese »Licht bringenden Sklaven«, wie sie ursprünglich hießen, dienten dazu, im Falle eines nächtlichen Notfalls helles Licht zu erzeugen.

UNMÖGLICH

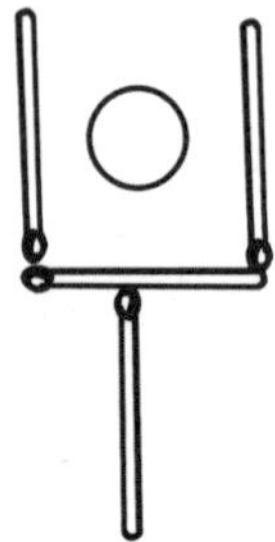

Ordnen Sie vier Streichhölzer so an, dass sie ein Weinglas darstellen, und legen Sie eine Münze hinein. Fordern Sie Ihre Freunde nun auf, die Münze aus dem Glas zu entfernen, ohne sie zu berühren; Sie dürfen lediglich zwei Streichhölzer verschieben.

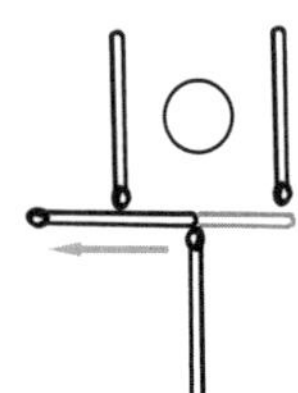

Wenn man weiß, wie es geht, ist die Aufgabe leicht zu lösen. Zunächst ziehen Sie das horizontal liegende Streichholz nach links wie in der Abbildung.

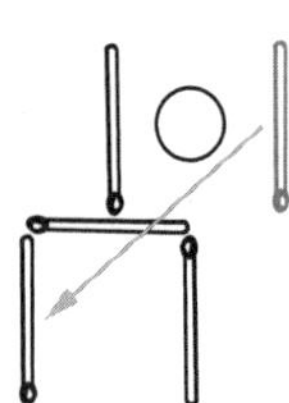

Dann nehmen Sie das Streichholz rechts oben und legen es links unten an das horizontale Streichholz an.

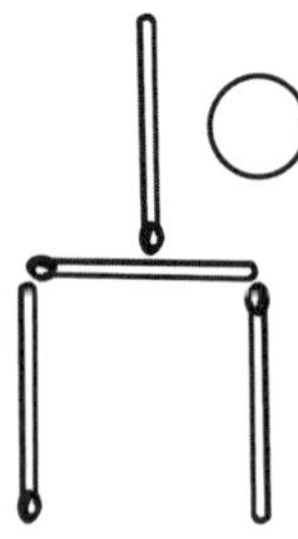

Die Münze liegt jetzt außerhalb des Glases, und Sie haben die Wette gewonnen!

EIN HUNDELEBEN

Legen Sie mit dreizehn Streichhölzern diesen Hund – für das Auge schneiden Sie einen kleinen Punkt aus Papier aus. Nun fordern Sie Ihre Freunde auf, den Hund in die entgegengesetzte Richtung blicken zu lassen. Dazu dürfen sie allerdings nur zwei Streichhölzer und den kleinen Punkt verschieben.

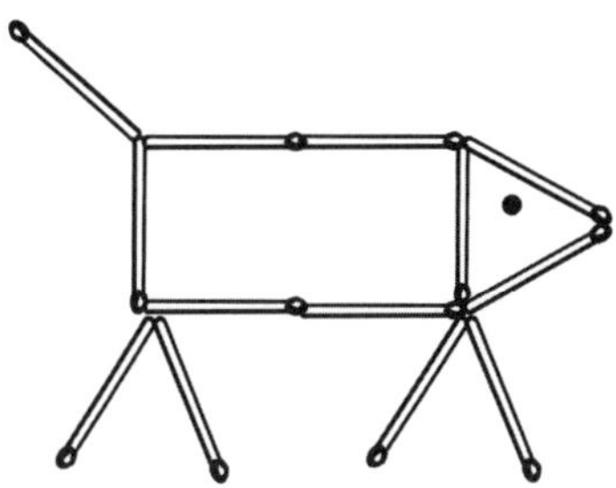

So gewinnen Sie die Wette: Legen Sie die beiden Streichhölzer, die den Kopf bilden, mitsamt dem Auge einfach auf den Rumpf wie in der Abbildung unten.

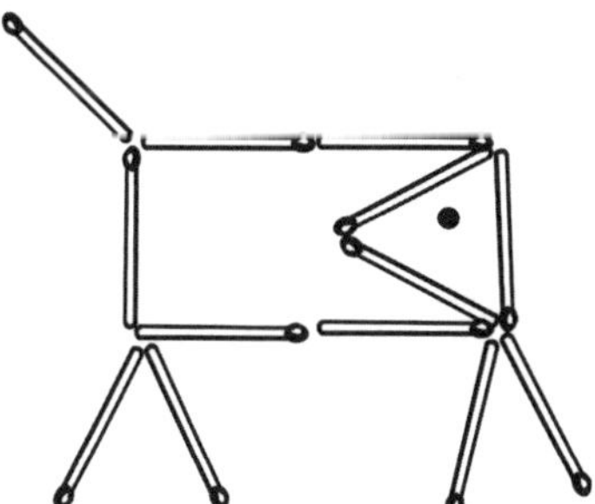

DIE GESCHICHTE DES STREICHHOLZES, TEIL ZWEI: LICHT DURCH REIBUNG

Im Jahr 1805 schuf der französische Chemiker Jean Chancel einen primitiven, zugleich etwas erschreckenden Vorläufer des modernen Streichholzes. Er gab Leuten aus dem Publikum Holzsplinte, die mit Kaliumchlorat bestrichen waren, und forderte sie auf, sie in eine mit Schwefelsäure gefüllte Flasche zu tauchen. Sobald die Stäbchen herausgezogen wurden, gingen sie in Flammen auf. Chancels Erfindung erwies sich zwar als populär, doch auch als unpraktisch, da häufig Schwefelsäure aus der Flasche herunterrann und sich die Leute damit die Haut verbrannten.

Der Engländer John Walker veränderte dann 1826 Chancels Rezept und entwickelte in Schwefel getauchte Stäbchen, die zum Leben erwachten, wenn man sie an Sandpapier rieb. Diese »Reibungsstreichhölzer« beseitigten zwar die schrecklichen Probleme, die mit dem Herumtragen einer tropfenden Flasche hochgradig ätzender Schwefelsäure verbunden waren, doch sie verströmten schädliche, stinkende Gase und zerbarsten häufig in einen Schwall kleiner Feuerbälle. Folglich wurde Walkers bahnbrechende Erfindung in Frankreich und Deutschland verboten.

SCHWIMMEN ODER VERSINKEN

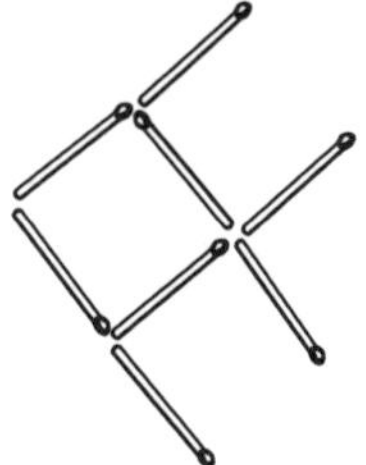

Legen Sie acht Streichhölzer zu einem Fisch, der nach links schwimmt. Fordern Sie nun Ihre Freunde auf, den Fisch in die entgegengesetzte Richtung schwimmen zu lassen. Sie dürfen dazu aber nur drei Streichhölzer verschieben.

Um die Wette zu gewinnen, verschieben Sie ein Streichholz so, wie es die Abbildung zeigt.

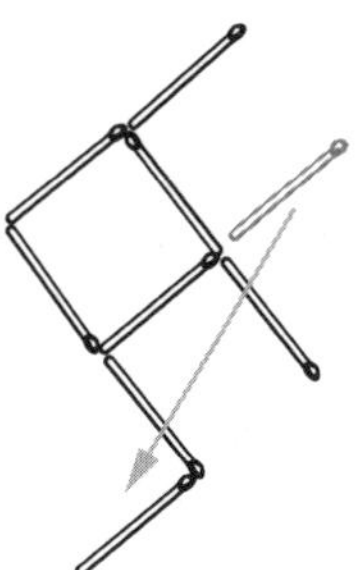

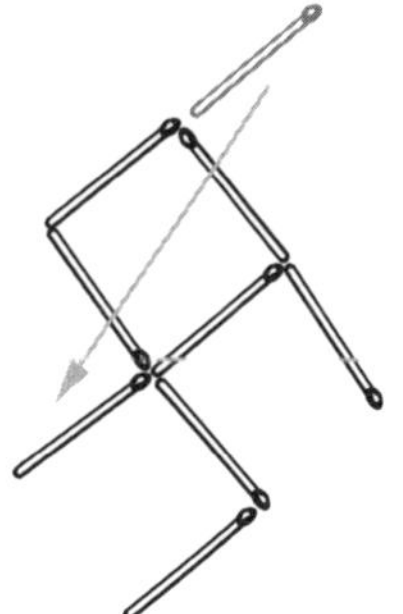

Und dann dieses.

Und schließlich noch dieses Streichholz. Der Fisch schwimmt jetzt nach rechts!

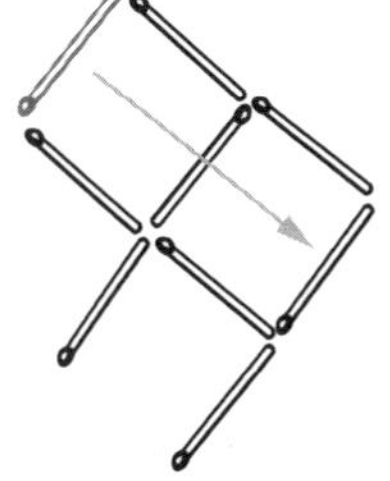

DIE GLEICHUNG

Legen Sie sieben Streichhölzer so auf den Tisch, dass sie folgende Gleichung bilden:

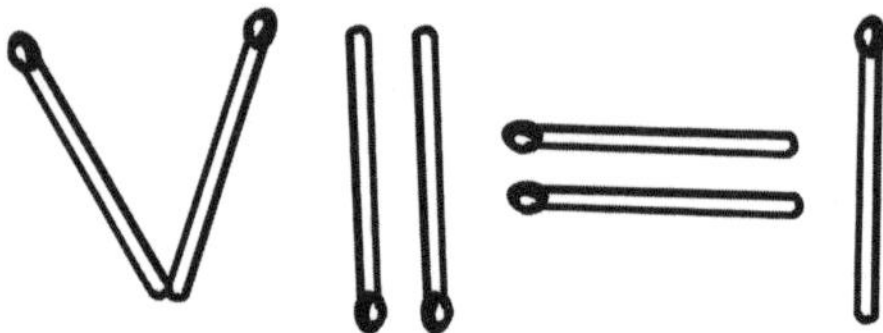

Jetzt fordern Sie Ihre Freunde auf, daraus eine Gleichung zu machen, die stimmt. Sie dürfen dafür aber nur ein Streichholz bewegen! Um die Wette zu gewinnen, verschieben Sie das letzte Streichholz der römischen VII wie in der Abbildung, und schon ist alles in Ordnung, weil die Quadratwurzel aus eins = eins ist!

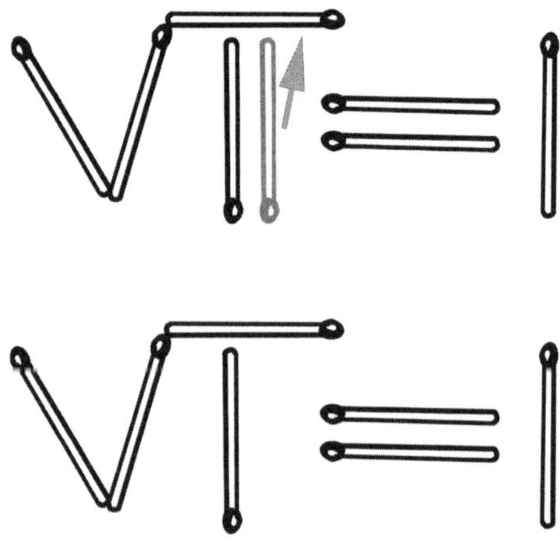

GESCHICHTE DES STREICHHOLZES, TEIL DREI: VON URIN ZU HEUREKA!

Im Jahr 1669 arbeitete der deutsche Alchemist Hennig Brand emsig an der Umwandlung von Blei zu Gold. Dazu dampfte er u. a. Urin ein und erhitzte die Rückstände. Während des Experiments tropfte irgendwann eine schimmernde Flüssigkeit aus seinem Schmelzofen und ging plötzlich in Flammen auf. Fasziniert untersuchte Brand diese Substanz und entdeckte dabei zufällig den Stoff, der am Ende zur Erfindung des modernen Streichholzes führte: Phosphor.
Es dauerte noch 150 Jahre, bis Wissenschaftler erkannten, dass Phosphor und Feuer ein Traumpaar waren. Erst im Jahr 1830 stellte der französische Chemiker Charles Sauria die Verbindung zwischen den beiden her und entwickelte das erste Phosphor-Zündholz der Welt. Obwohl weit verbreitet, war auch Saurias Erfindung noch ein Albtraum, eine Gefahr für Gesundheit und Sicherheit, nicht zuletzt, weil sich die Hölzchen entzündeten, sobald sie in Reibungskontakt mit einer nahezu x-beliebigen rauen Oberfläche kamen, und sei es nur eine Hose. In den 1840er Jahren änderte sich das, als der schwedische Wissenschaftler Gustaf Erik Pasch ein Zündholz erfand, das sich nur entzündete, wenn es über eine spezielle Reibfläche an einer Schachtel gestrichen wurde. Voilà, das moderne Sicherheitszündholz war geboren, das eine helle, leuchtende Zukunft versprach. Doch wie so oft in der verstiegenen Welt der Zündholzerfinder war nichts, wie es zu sein schien.

DENKEN IM QUADRAT

Legen Sie zwölf Streichhölzer auf einen Tisch wie in der Abbildung.

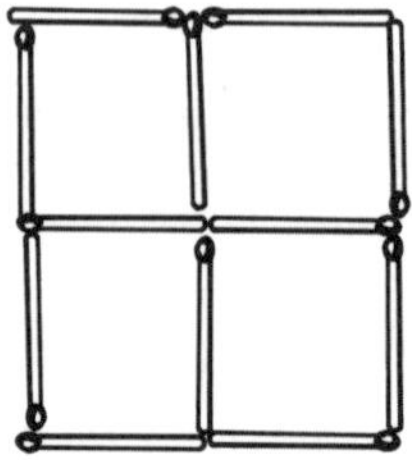

Dann bitten Sie Ihre Freunde, das Gebilde in sieben Quadrate zu verwandeln. Ach ja, sie dürfen dafür nur zwei Streichhölzer bewegen. Wahrscheinlich gewinnen Sie die Wette, indem Sie, wie in der Abbildung dargestellt, diese beiden Streichhölzer verschieben:

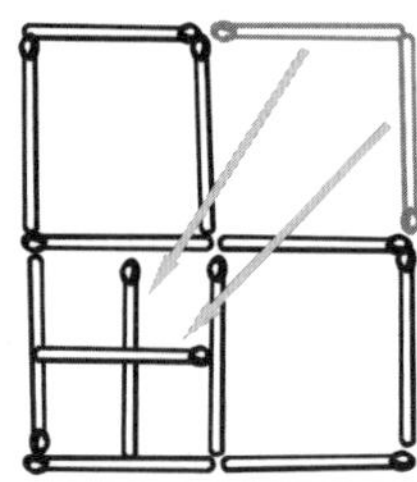

Zählen Sie nach: Es sind sieben Quadrate!

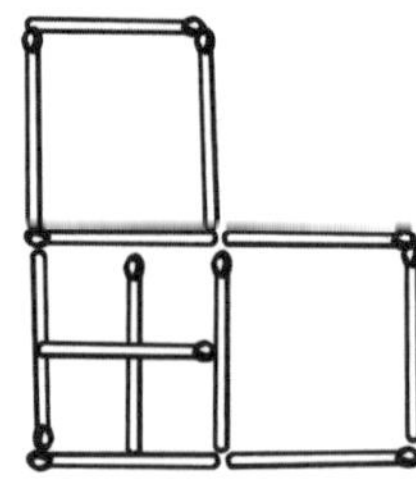

DIE MAGISCHE KRAFT DER PYRAMIDE

Legen Sie sechs Streichhölzer auf einen Tisch und fordern Sie Ihre Freunde auf, sie so anzuordnen, dass sie vier gleichschenklige Dreiecke bilden. Erklären Sie ihnen, dass es nicht erlaubt ist, ein Streichholz durchzubrechen, und dass die Hölzchen nicht übereinanderliegen dürfen.

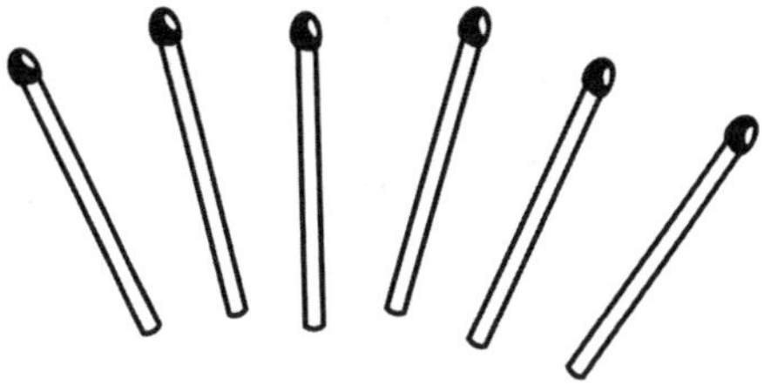

Um die Wette zu gewinnen, müssen Sie lediglich eine Pyramide wie in der Abbildung bauen.

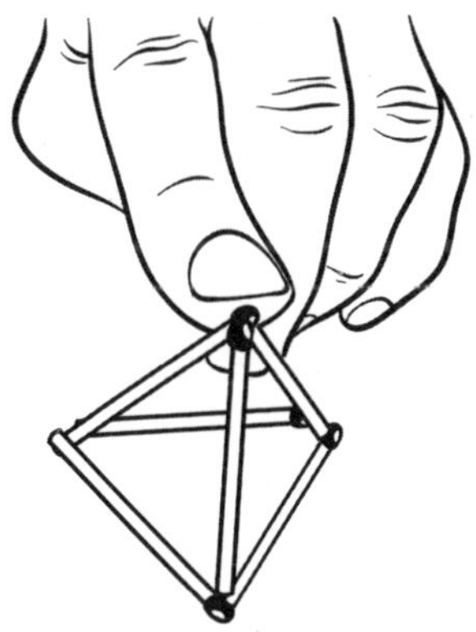

GESCHICHTE DES STREICHHOLZES, TEIL VIER: SELBSTMORD UND BLITZE

Die Phosphorzündhölzer erwiesen sich als großer Hit, und um die Wende zum 20. Jahrhundert produzierten europäische und amerikanische Fabriken Abermillionen dieser Zündhölzer pro Jahr. Doch leider tauchten bald Probleme auf.
Erstens enthielt das von den Streichhölzern einer einzigen Schachtel abgekratzte Phosphor so viel Gift, dass man damit Selbstmord begehen oder jemanden umbringen konnte. Verschärft wurde dieses Problem noch durch den damals verbreiteten Glauben, Branntwein, in den man die Streichholzköpfe tauchte, sei ein stark wirkendes Aphrodisiakum. Fast alle, die auf diese Weise ihre Leidenschaft steigern wollten, starben.
Zweitens herrschten in den Streichholzfabriken katastrophale Zustände. Man ließ dort nicht nur Kinder und Frauen zu miserablen Löhnen arbeiten. Häufig zogen sich diese armen Menschen auch aufgrund der Phosphorbelastung schwere Erkrankungen zu.
Drittens war auch das Produktionsverfahren selbst so gefährlich, dass im Jahr 1888 1400 Arbeiterinnen einer Londoner Streichholzfabrik die Nase voll hatten und streikten. Über den Fall wurde in den überregionalen Zeitungen berichtet, woraufhin sich im ganzen Land Gewerkschaften bildeten. Außerdem zwang dieses Ereignis die Unternehmen zur Entwicklung eines weniger gefährlichen Streichholzes, und 1910 meldete die Diamond Match Company in Amerika ein Patent für das erste ungiftige Streichholz an. Doch der damalige amerikanische Präsident William Taft konnte die Firma davon überzeugen, in einem Akt der Selbstlosigkeit das Patent zum Wohle der Menschheit freizugeben.
Und so profitieren auch Sie. Das nächste Mal, wenn Sie eines der zig Millionen Streichhölzer, die alljährlich zum Einsatz kommen, anzünden oder eine Wette eingehen, bei der diese Hölzchen eine Rolle spielen, gedenken Sie derer, die dafür leiden mussten, damit Sie gefahrlos ein Feuer entzünden können, wann immer Ihnen der Sinn danach steht.

EIN BLICK ÜBER DEN TELLERRAND

ZEHN ARTEN, EINE WETTE DURCH QUERDENKEN ZU GEWINNEN

VERBLÜFFENDE FAKTEN ÜBER IHR GEHIRN

- Ihr Gehirn macht nur etwa zwei Prozent Ihres gesamten Körpergewichts aus, enthält aber erstaunliche 86 Milliarden Zellen und verbraucht rund 20 Prozent Ihrer Energie.

- Informationen fließen mit der verblüffenden Geschwindigkeit von gut 400 Kilometern pro Stunde durch das menschliche Gehirn, also schneller als ein Formel-1-Rennwagen.

- Der Pathologe, der die Autopsie an Albert Einsteins Gehirn durchführte, stellte fest, dass das Gehirn dieses Genies um zehn Prozent kleiner war als ein durchschnittliches Gehirn. Übrigens bewahrte er das Gehirn vierzig Jahre lang in einem Glas in seinem Keller auf.

- Das menschliche Gehirn verfügt über keine Schmerzrezeptoren, was erklärt, warum Chirurgen es im Wachzustand des Patienten operieren können.

- Die Entfernung einer Hälfte des Gehirns hat fast keine Auswirkungen auf die Persönlichkeit oder das Erinnerungsvermögen eines Menschen.

SECHS IN EINER REIHE

Stellen Sie sechs Gläser in eine Reihe und füllen Sie die ersten drei mit einer Flüssigkeit.

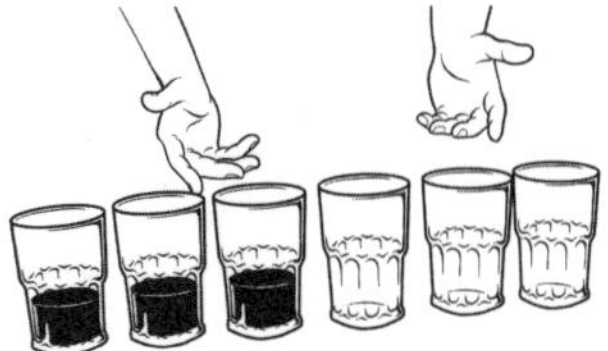

Ihre Freunde sollen nun die Gläser in die Reihenfolge wie in der Abbildung bringen ... allerdings dürfen sie dazu nur *ein Glas* berühren.

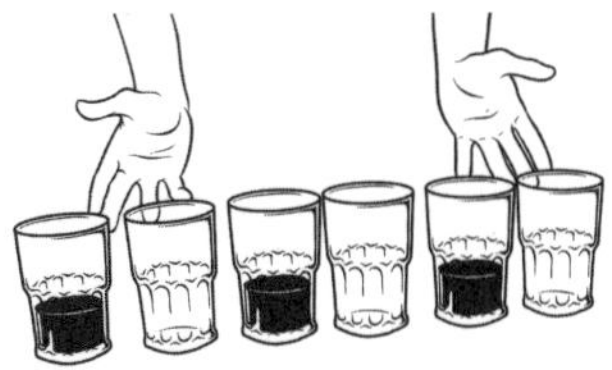

Um die Wette zu gewinnen, nehmen Sie einfach das zweite Glas, gießen den Inhalt in das fünfte Glas ...

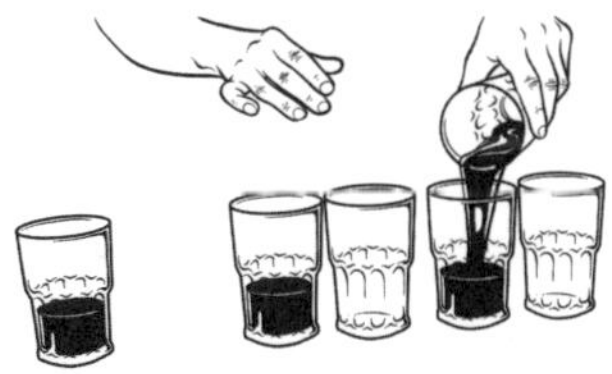

... und stellen dann das zweite Glas wieder an seinen ursprünglichen Platz. Damit sind Sie der Gewinner!

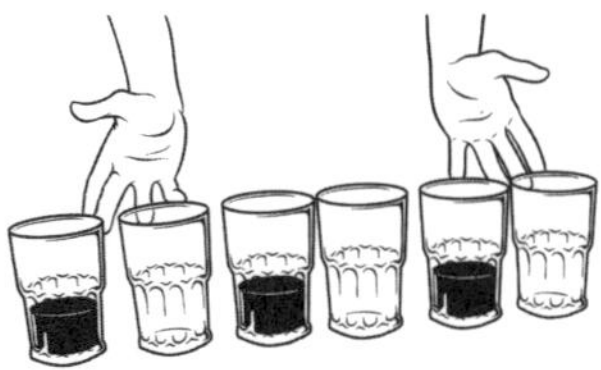

HÜPFER

Nehmen Sie eine Klopapierrolle und erklären Sie, dass die Wette darin besteht, die Rolle so fallen zu lassen, dass sie aufrecht stehend auf dem Tisch landet. Ihre Freunde werden scheitern.

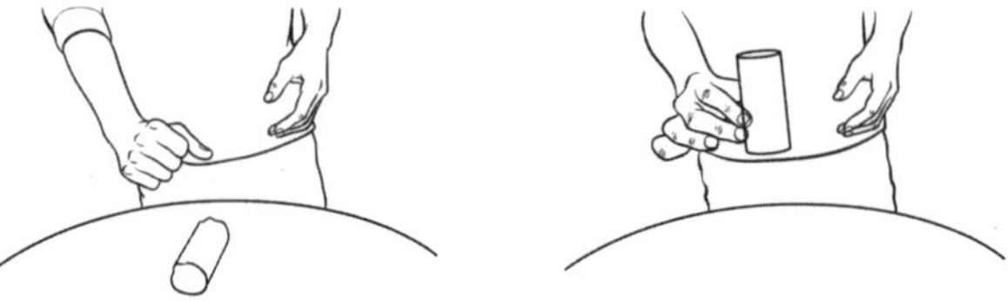

Um die Wette zu gewinnen, lassen Sie die Rolle einfach quer fallen - sie wird hochspringen und sich dann senkrecht aufstellen!

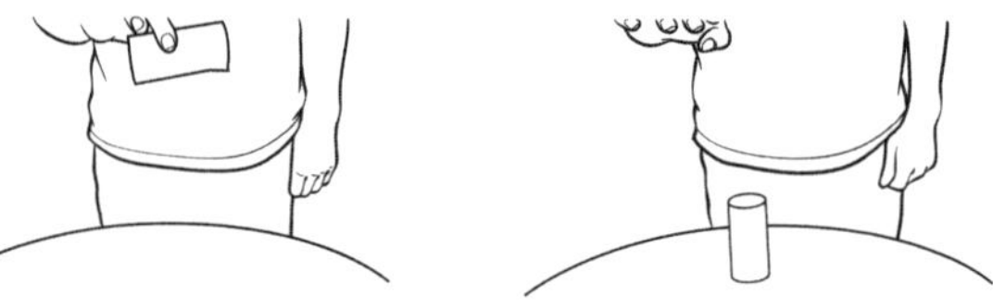

Dies funktioniert, weil die Klopapierrolle fast immer hochspringt, wenn man sie fallen lässt. Lässt man sie senkrecht fallen, springt sie hoch und landet auf der Seite - und umgekehrt.

Warum springt die Rolle hoch? Würde man filmen, wie sie auf dem Tisch auftrifft, und die Aufnahme dann in Zeitlupe abspielen, könnte man sehen, dass die Rolle beim Aufprall ein klein wenig gequetscht wird. Wenn Sie einen Ball leicht eindrücken und dann den Druck verringern, spüren Sie, wie Ihre Hand leicht zurückgestoßen wird. Genauso versucht auch die Rolle, ihre ursprüngliche Form wiederherzustellen, und da der Tisch starr ist, stößt sie sich selbst dabei von der Tischplatte ab. Das ist der Grund, warum sie kurz hochhüpft!

FÜNF ÜBERRASCHENDE FAKTEN ÜBER KLOPAPIER

- 70 Prozent der Weltbevölkerung benutzen kein Toilettenpapier.
- Die Menschen verbrauchen durchschnittlich acht Blatt Klopapier pro Toilettennutzung, was sich zu hundert Rollen Klopapier pro Jahr aufsummiert.
- Für die Herstellung des gesamten Toilettenpapiers, das Sie in Ihrem Leben verbrauchen werden, müssen etwa 380 Bäume fallen.
- Die Römer verwendeten statt Toilettenpapier einen Stock, dessen Ende mit Stoff überzogen war - daher die Phrase »am falschen Ende sparen«. Der amerikanische Talkmaster Johnny Carson machte während der Wirtschaftsdepression in den 1970er Jahren einmal einen Witz und fragte seine Zuschauer, ob sie schon gehört hätten, dass es einen akuten Mangel an Klopapier gebe. Am folgenden Tag kauften die Zuschauer sämtliche Rollen, deren sie habhaft werden konnten, so dass es tatsächlich zu einem Engpass kam.

ABHEBEN

Für diese Wette benötigen Sie zwei Strohhalme. Schneiden Sie den einen in zwei Hälften und knicken den anderen in der Mitte. Bauen Sie eine Pyramide, indem Sie den geknickten Strohhalm gegen die Spitze der einen Hälfte des anderen lehnen. Fordern Sie dann Ihre Freunde auf, die Pyramide mit Hilfe der anderen Strohhalmhälfte hochzuheben.

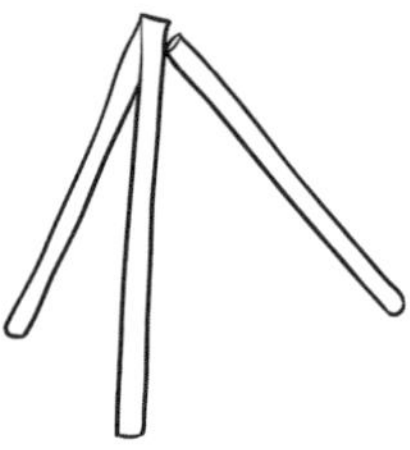

Und so gewinnen Sie die Wette: Schieben Sie den halben Strohhalm vorsichtig unter die Pyramidenspitze und drücken ihn leicht an den geknickten Strohhalm. Die andere Strohhalmhälfte wird daraufhin nach vorn auf die Halmhälfte in ihrer Hand fallen. Nun brauchen Sie nur noch mit dem Halm in Ihrer Hand die nach vorn gefallene Strohhalmhälfte unter dem »V« des geknickten Halms »verriegeln«, und schon können Sie das ganze Konstrukt hochheben.

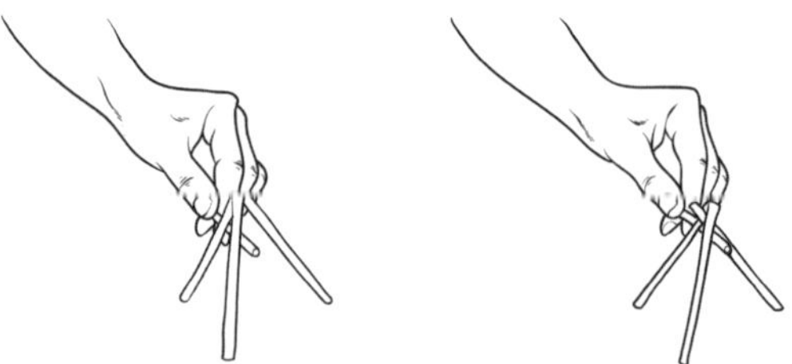

Der älteste bekannte Trinkhalm stammt aus dem Jahr 3000 v. Chr. und wurde in einem sumerischen Grab entdeckt. Er bestand aus einem goldenen Röhrchen, in das blaue Edelsteine eingearbeitet waren.

DAS UNMÖGLICHE DREIECK

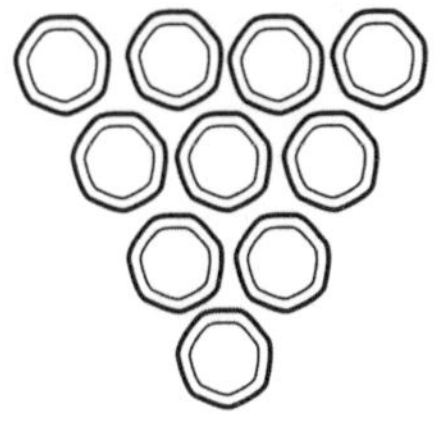

Legen Sie zehn Münzen zu einem Dreieck wie in der Abbildung.

Bitten Sie nun Ihre Freunde, das Dreieck durch Umlegen von lediglich drei Münzen umzudrehen. Es ist ganz leicht: Nehmen Sie zunächst diese drei Münzen an den Ecken wie in der Abbildung weg.

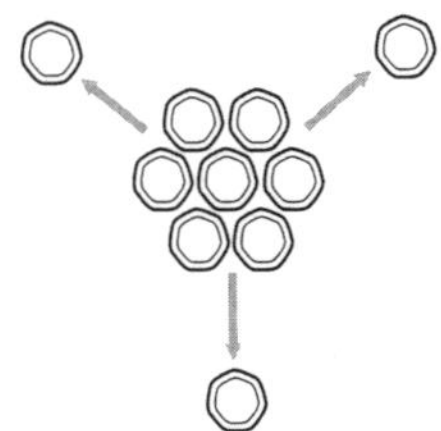

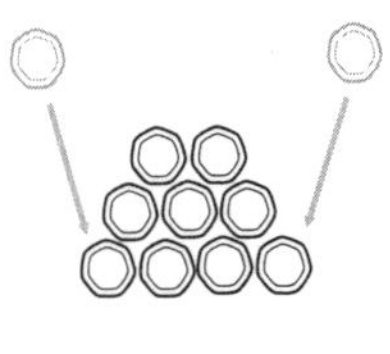

Schieben Sie zwei davon rechts und links an die Basis des neuen Dreiecks ...

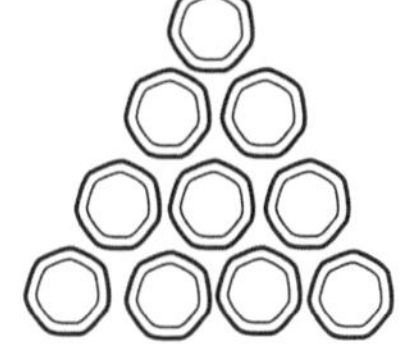

und schließlich die dritte Münze an dessen Spitze.

EINE BUSFAHRT

Erklären Sie einem Freund Folgendes: »Stell dir vor, du wärst Fahrer eines Busses. Zu Beginn deiner Fahrt ist das Fahrzeug noch leer. Dann steigen vier Leute ein. An der nächsten Haltestelle steigen zwei Fahrgäste aus und ein anderer ein. Schließlich steigen an der letzten Haltestelle zwei weitere Personen ein. Wie lautet der Name des Busfahrers?«

Wenn Ihr Freund nicht weiterkommt, erinnern Sie ihn daran, dass er der Busfahrer ist, die Antwort also sein Name ist!

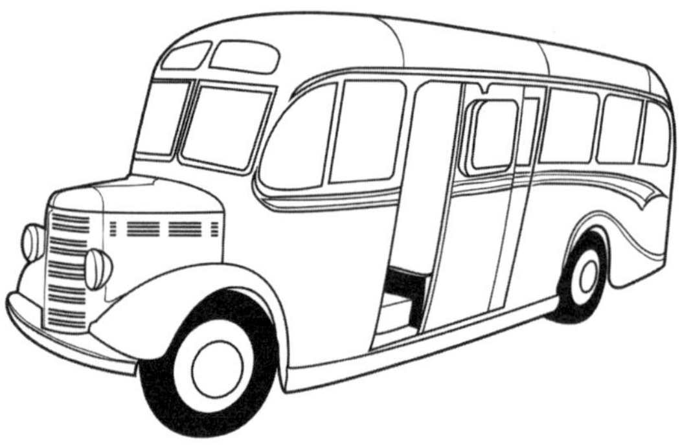

AUF HOLZ KLOPFEN

Wetten Sie mit Ihren Freunden, dass sie nicht in der Lage sind, unter dem Tisch sitzen zu bleiben, während Sie dreimal auf die Tischplatte klopfen. Wenn einer die Wette akzeptiert und sich unter den Tisch setzt, klopfen Sie zweimal darauf und entfernen sich. Irgendwann wird er unter dem Tisch hervorkriechen, und Sie haben die Wette gewonnen.

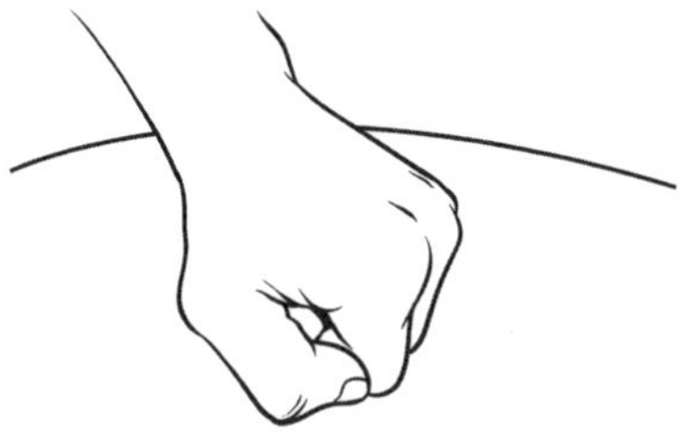

Niemand kann mit Sicherheit sagen, woher der Aberglaube kommt, dass es Glück bringt, auf Holz zu klopfen. Manche Historiker meinen, diese Tradition stamme von den alten Heiden, die glaubten, durch den Kontakt mit Holz erhalte man die Hilfe wohlwollender Baumgeister. Doch wahrscheinlich ist die Redensart viel jüngeren Datums und geht auf den frühen Bergbau zurück. Bevor die Bergarbeiter in eine Mine stiegen, klopften sie an das Holz der Balken, um zu prüfen, ob es trocken und fest oder feucht und morsch war. Einer anderen Erklärung zufolge durfte ein Matrose auf das Schiffsholz klopfen, um nach ebendiesen Kriterien zu entscheiden, ob er mitfuhr.

Nun ja. Vielleicht handelt es sich um ein altes Ritual mit einer tiefliegenden spirituellen Bedeutung, vielleicht hat die Tradition aber auch ganz sachliche Gründe. Ich hoffe, dass Wissenschaftler eines Tages die Frage ein für alle Mal beantworten werden. Klopf auf Holz.

UNGERADE DENKEN

Legen Sie zehn Münzen auf einen Tisch und stellen Sie drei Trinkgläser dazu. Wetten Sie mit Ihren Freunden, dass Sie die zehn Münzen so auf die Gläser verteilen können, dass sich in jedem Glas eine ungerade Zahl von ihnen befindet.

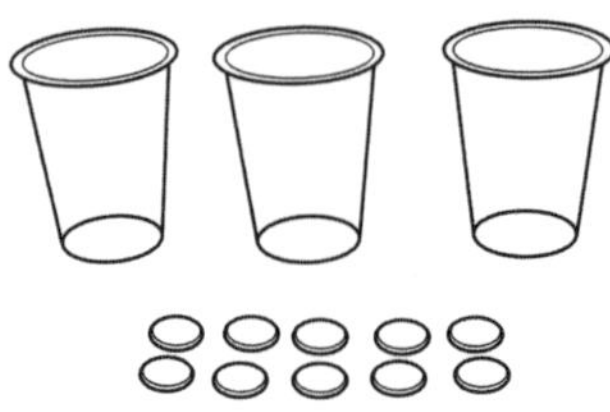

Um die Wette zu gewinnen, legen Sie drei Münzen in das erste Glas, drei in das zweite und die verbleibenden vier in das dritte.

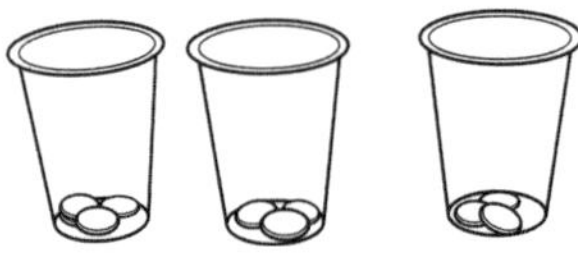

Schließlich stellen Sie ein Glas mit drei Münzen in das Glas mit den vier Geldstücken. Strenggenommen enthält nun jedes Glas eine ungerade Zahl von Münzen!

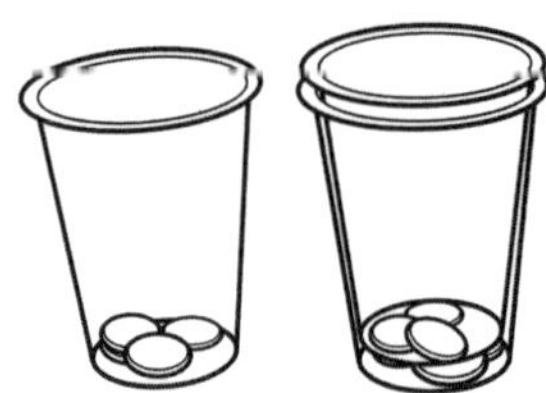

KREATIVES ZÄHLEN

Ordnen Sie neun Münzen an wie in der Abbildung, also zu zwei Reihen mit vier beziehungsweise fünf Geldstücken im rechten Winkel.

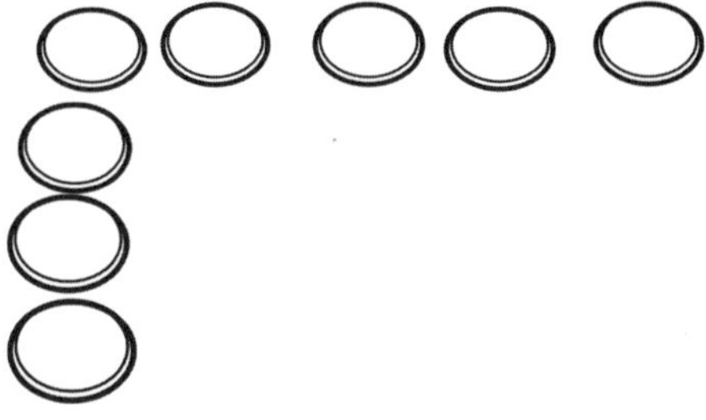

Fordern Sie nun Ihre Freunde auf, eine Münze so zu verschieben, dass in jeder Reihe fünf Geldstücke liegen. Um die Wette zu gewinnen, nehmen Sie die letzte Münze aus der 5er-Reihe und legen sie auf die Münze am entgegengesetzten Ende der Reihe. Jetzt befinden sich in beiden Reihen jeweils fünf Geldstücke.

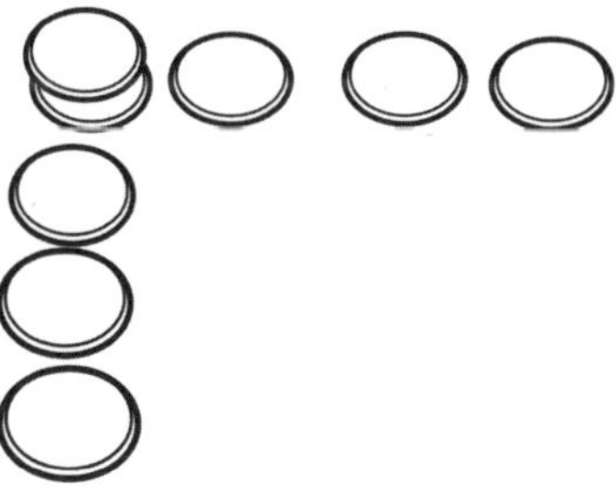

EIN KLARER »FALL«

Fordern Sie Ihre Freunde auf, eine leere Streichholzschachtel so auf den Tisch fallen zu lassen, dass sie aufrecht landet. Das ist fast unmöglich.

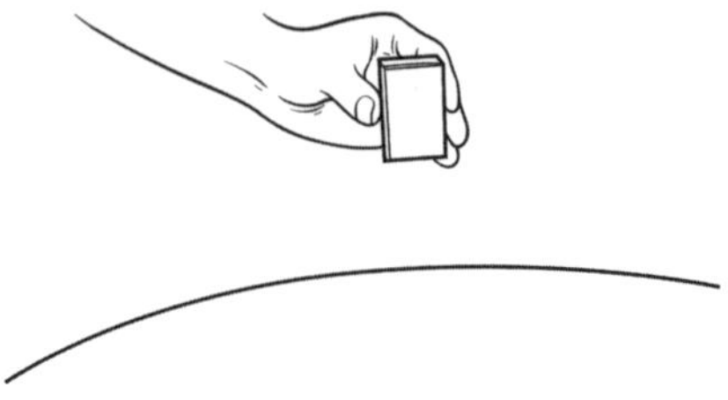

Um die Wette zu gewinnen, öffnen Sie die kleine Schublade der Schachtel einen kleinen Spalt weit und lassen sie dann fallen. Wenn sie auf dem Tisch auftrifft, schließt sich die Schublade und die Schachtel bleibt aufrecht stehen.

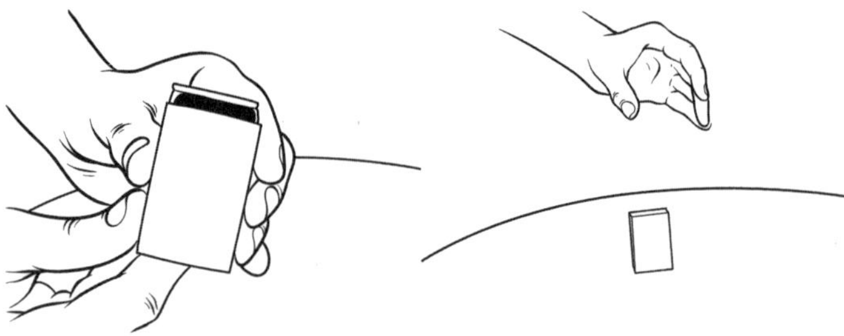

DER STROHHALM IN DER FLASCHE

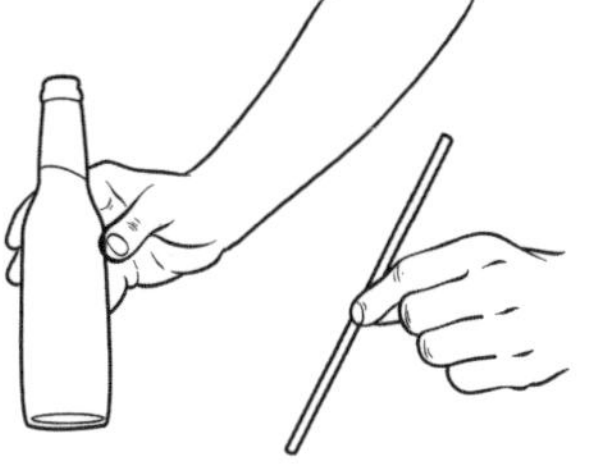

Fordern Sie einen Freund auf, eine Flasche lediglich mit einem Strohhalm hochzuheben.

Das Geheimnis besteht darin, das untere Drittel des Trinkhalms abzuknicken und es in die Flasche zu stecken.

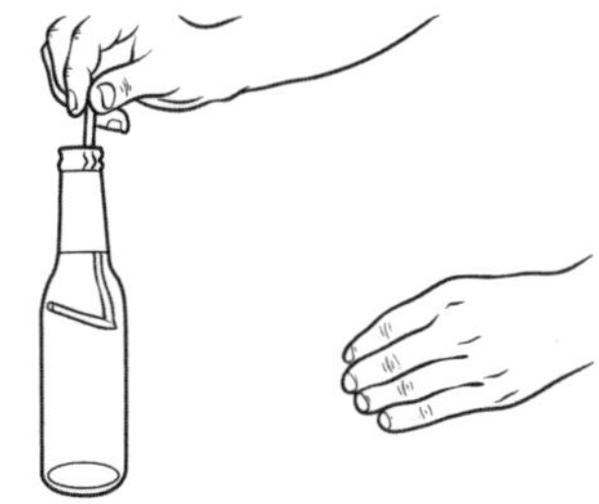

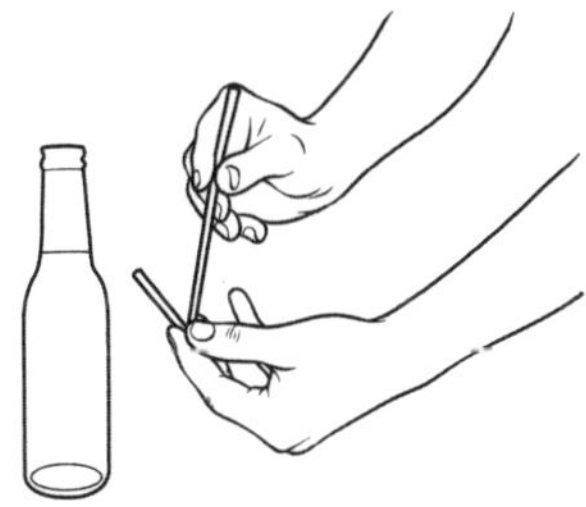

Der Trinkhalm wird sich innen spreizen, und Sie können die Flasche hochheben, indem Sie lediglich am Ende des Halms ziehen.

Warum funktioniert das? Weil das Gewicht der Flasche auf den abgeknickten Trinkhalm drückt, so dass er unter Spannung gerät. Dies wiederum macht den Halm so fest und steif, dass Sie die Flasche daran hochheben können.

STREBERWISSEN

Zehn Arten, eine Wette mit besonders raffinierter Wissenschaft zu gewinnen

VERBLÜFFENDE FAKTEN ÜBER ASTRONOMIE

- Ein Teelöffel Staub von einem Neutronenstern würde sage und schreibe 6 Milliarden Tonnen wiegen.

- Eine Reise in Lichtgeschwindigkeit zu Andromeda, der nächsten großen Galaxie, würde unvorstellbare 2 Millionen Jahre dauern.

- Wäre man in der Lage, den gesamten leeren Raum in den Atomen unserer Körper zu entfernen, hätte die gesamte Menschheit das Volumen eines Zuckerwürfels.

- Einen Sekundenbruchteil nach dem Big Bang hatte das gesamte Universum die Größe einer Erbse.

- In der Zeit, die Sie brauchen, diesen Satz zu lesen, wandern eine Million Milliarden Neutrinos von der Sonne durch Ihren Körper.

EINE ROMANWETTE

Schieben Sie zwei Bücher ineinander wie in der Abbildung. Dann fordern Sie Freunde auf, die beiden Bücher fest am Rücken zu packen und auseinanderzuziehen. Egal, wie sehr sie sich bemühen, es wird ihnen nicht gelingen, und Sie gewinnen die Wette.

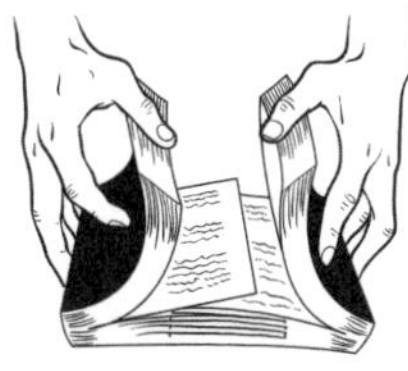
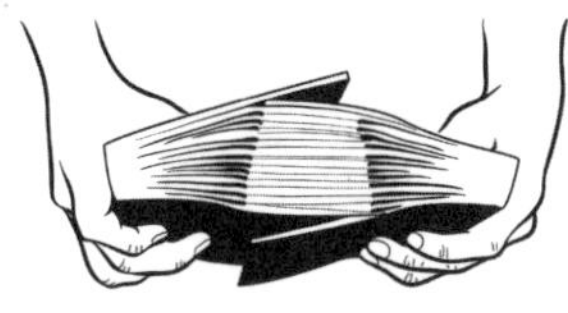

Zwischen jeder Seite des Buchs und den Seiten über und unter ihr entsteht beim Ziehen Reibung. Da die Seiten der meisten Bücher überraschend rau sind und die Fläche aller Seiten zusammengenommen enorm groß ist, kommt es bei dem Versuch insgesamt zu einer massiven Reibung, und es ist nahezu unmöglich, die beiden Bücher mit der Hand voneinander zu trennen. Doch das ist nur ein Aspekt der Geschichte – vor ein paar Jahren entdeckte ein Team aus französischen und kanadischen Physikern, dass hier noch ein zweites Prinzip am Werk ist. Nach Experimenten mit sorgfältig vorbereiteten Testbüchern stellten sie fest, dass die sich überlappenden Seiten nicht im exakten 90-Grad-Winkel zum Rücken stehen. Das spielt eine gewisse Rolle, weil beim Versuch, die Bücher auseinanderzuziehen, die Seiten zusammengepresst werden und damit die Reibung zwischen ihnen immens zunimmt.
Ohne Reibung sähe unser Leben ganz anders aus. Erstens würden sich sämtliche Knoten lösen, Autos würden sich nicht fortbewegen, weil die Reifen nicht auf dem Straßenbelag greifen würden, und alles würde uns aus den Händen gleiten. Vor allem aber wäre das Gehen äußerst mühsam und gefährlich und das Stehen auf einer auch nur geringen Steigung eine hochgradig tückische Angelegenheit. Andererseits würden

Flüge wahrscheinlich viel, viel billiger, zum Teil, weil die Maschinen wegen des geringeren Luftwiderstands weniger Treibstoff verbrauchen, aber auch, weil sie bei der Landung nicht zum Stehen kommen würden.

EIN BALANCEAKT

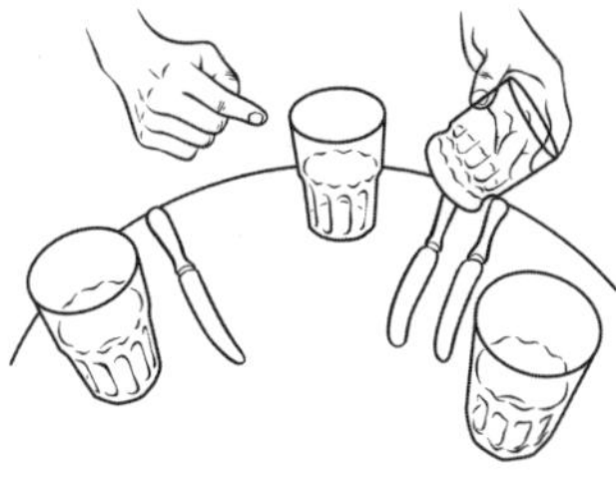

Für diese Wette benötigen Sie vier Trinkgläser und drei Tafelmesser. Ordnen Sie drei Gläser auf dem Tisch zu einem Dreieck an. Dann fordern Sie jemanden auf, drei Messer so auf den Gläsern in Balance zu bringen, dass sie ein viertes Glas tragen können.

Um die Wette zu gewinnen, halten Sie die ersten zwei Messer wie in der Abbildung, ...

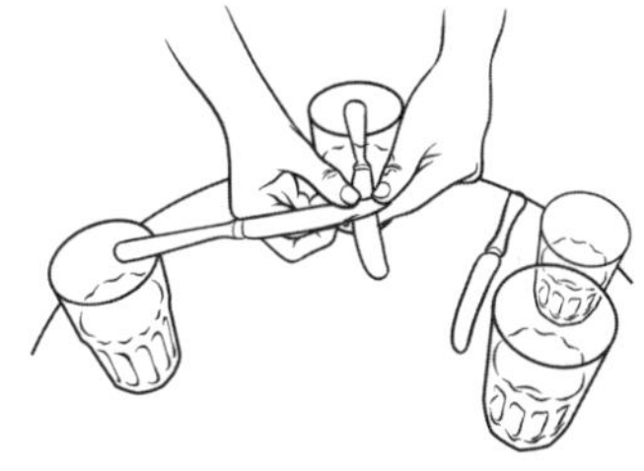

... legen dann das dritte Messer auf das dritte Glas und schieben die Klinge unter die des ersten und über die des zweiten Messers.

Auf diese Weise bilden die Messer eine feste Unterlage, und Sie können das vierte Glas daraufstellen!

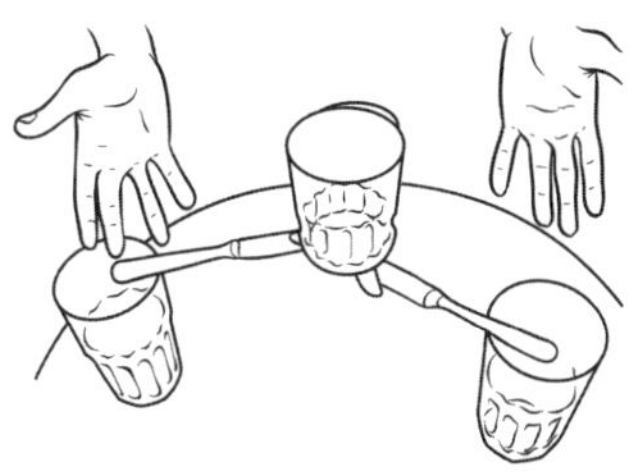

HINEIN UND WIEDER HINAUS

Sie benötigen eine Flasche und eine Füllhalterkappe.

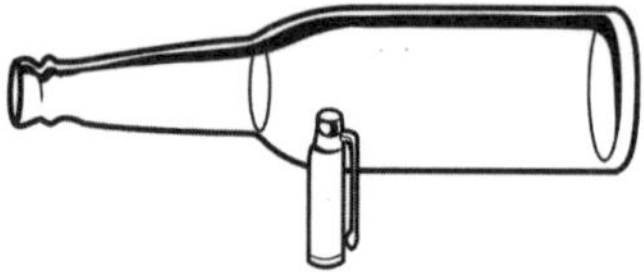

Legen Sie die Kappe mit der Öffnung in Richtung des Flaschenbodens in den Flaschenhals.

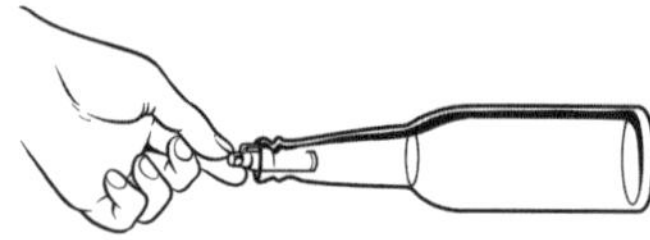

Dann bitten Sie jemanden, die Kappe in die Flasche hineinzublasen. Wenn er dies tut, wird die Kappe hinausfliegen!

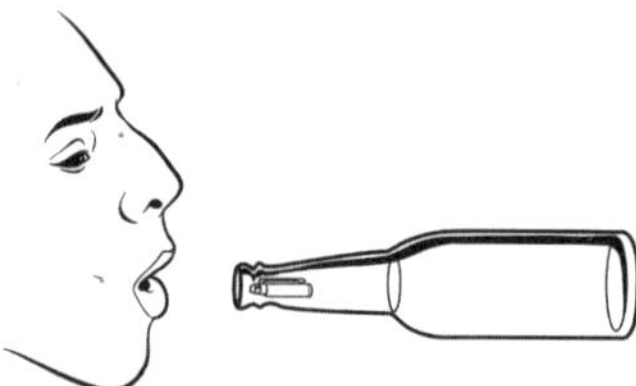

Die in die Flasche geblasene Luft strömt um die Füllhalterkappe und presst die in der Flasche vorhandene Luft hinaus. Diese befreit auch die Füllhalterkappe aus der Flasche. Wenn man jedoch eine Plastikflasche für diesen Trick verwendet und Löcher in die Flaschenwände sticht, ist es ganz leicht, die Füllhalterkappe hineinzublasen.

ABSOLUTES GEHÖR

Legen Sie zwei Streichhölzer auf den Rand eines Glases. Fordern Sie nun jemanden auf, die Hölzchen in das Glas fallen zu lassen, ohne die Gegenstände zu berühren, sie anzupusten oder auf den Tisch zu klopfen.
Um die Wette zu gewinnen, stellen Sie ein zweites Glas neben das erste, befeuchten einen Finger und reiben damit den Rand des zweiten, bis ein Ton erklingt. Er sorgt dafür, dass die Streichhölzer in das Weinglas fallen!
Drücken Sie bei dieser Wette das zweite Weinglas fest auf den Tisch.

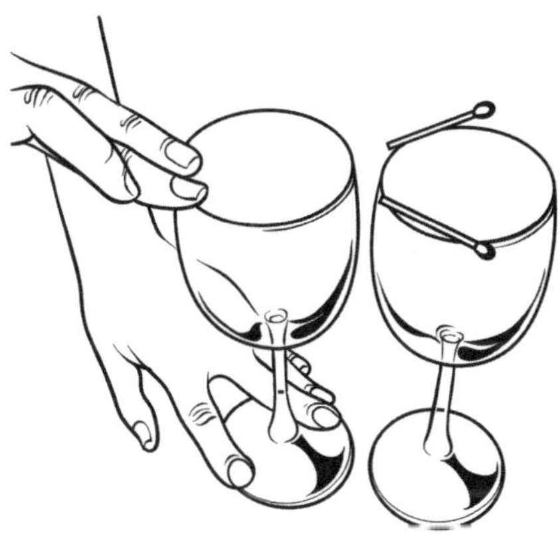

Warum funktioniert das? Wenn man ein Ende eines Lineals am Tischrand festhält und gegen das andere schlägt, wird das Lineal in einem bestimmten Rhythmus hin und her schwingen, ein Effekt, den man als Resonanz- oder Eigenfrequenz bezeichnet. Diese entsteht auch bei Ihrem Finger und dem Glas. Während sich Ihr Finger über den Rand bewegt, gleitet er nicht reibungslos, sondern stoppt mal und gleitet dann weiter. Wenn man auf diese Weise die natürliche Eigenfrequenz des Glases trifft, vibrieren die Moleküle und erzeugen den Klingelton. Und wenn die Schallwellen dieses Tons auf das zweite Glas treffen,

geraten auch die Moleküle des zweiten Glases in Bewegung, so dass die Streichhölzer hinunterfallen.
Sicherlich spüren Sie nicht, dass Ihr Finger immer wieder abgebremst wird. Doch wenn man etwas Öl auf den Rand des Glases streicht und der Finger leichter gleitet, klingelt das Glas nicht. Gibt man hingegen vorher etwas Essig auf den Finger, werden Schmutzteilchen und Fett von der Haut entfernt, so dass es viel leichter ist, den Ton zu erzeugen.
Im 19. Jahrhundert nutzte man diesen seltsamen Klingeleffekt, um ein ungewöhnliches Musikinstrument zu bauen, die sogenannte Glasorgel. Indem die Musiker gestimmte Glasschalen rieben, riefen sie verschiedene Töne hervor. Allerdings war es weitverbreiteter Glaube, die unheimlichen Klänge machten die Leute verrückt. Später entdeckte man, dass die Musiker die Töne mittels giftiger Bleifarbe erzeugten, beim Spielen die Finger ableckten und auf diese Weise das Gift aufnahmen. So gesehen, ist der Ton wirklich unerfreulich.

FINGERSPITZENGEFÜHL

Für diese Wette benötigen Sie zwei Gabeln und ein Streichholz. Wetten Sie mit Ihren Freunden, dass Sie alle drei Gegenstände auf einer Fingerspitze balancieren können. Wenn jemand die Wette annimmt, stecken Sie das Streichholz vorsichtig zwischen die Zinken der beiden Gabeln wie in der Abbildung.

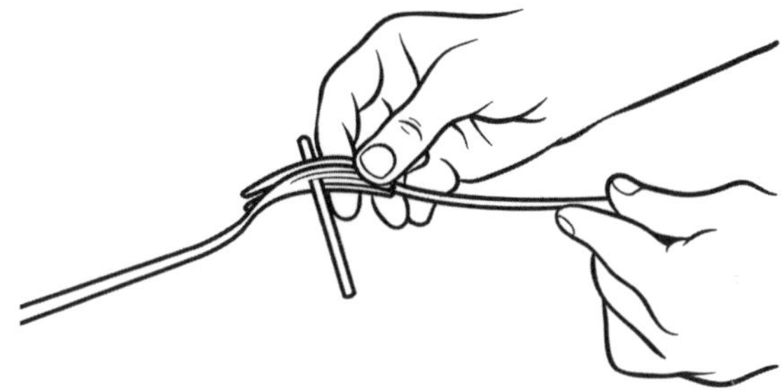

Es mag unmöglich erscheinen, aber es wird Ihnen gelingen, das ganze Gebilde auf einer Fingerspitze zu balancieren.

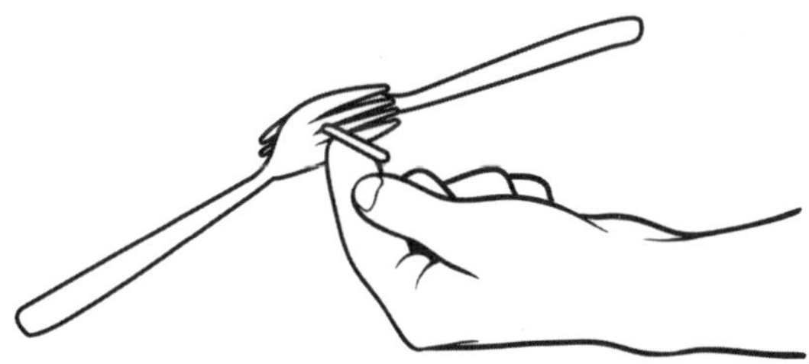

AUFGELADEN

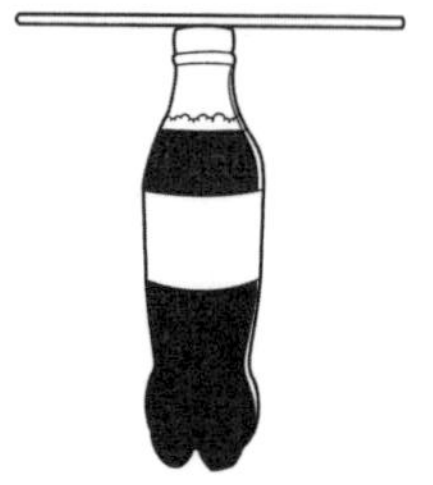

Fordern Sie jemanden dazu heraus, einen Strohhalm auf einen Flaschenhals zu legen und ihn dann kreisen zu lassen, ohne ihn dabei zu berühren oder anzupusten.

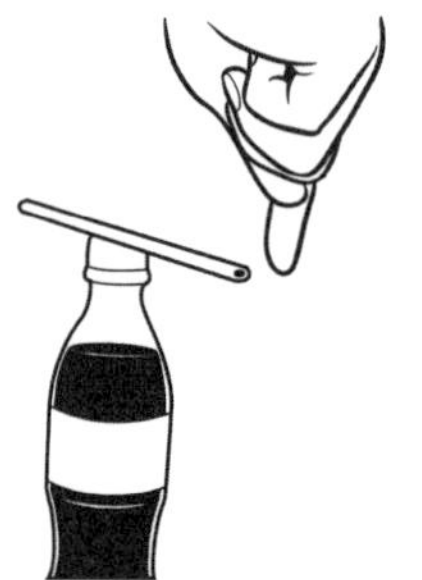

Wenn sich Ihr Wettpartner vergeblich bemüht hat, reiben Sie mit dem Trinkhalm an Ihrem Hemd, legen ihn auf die Flaschenöffnung und halten dann einen Finger nah daran. Plötzlich dreht sich der Halm auf dem Flaschenrand!

Warum funktioniert das? Die meisten Gegenstände sind »elektrisch neutral«, das heißt, die positive und die negative Ladung sind gleich. Wenn man den Trinkhalm am Hemd reibt, wird er negativ aufgeladen. Und wenn man dann den Finger nah an den Halm hält, wird die negative Ladung in Ihrer Hand abgestoßen, so dass die Hand positiv geladen wird. Ungleiche Ladungen ziehen sich an, und so bewegt sich der Trinkhalm in dieselbe Richtung wie Ihre Hand.
Früher wandten viele Menschen, die sich als Medium betätigten, diesen Trick an, um andere davon zu überzeugen, dass sie mit reiner Geisteskraft Gegenstände bewegen konnten. Probieren Sie mal, ob Sie Ihrem Wettpartner weismachen können, dass Sie über psychokinetische Energien verfügen. Wenn Ihnen das gelingt, fragen Sie ihn, ob er vielleicht Interesse hat, mit Ihnen eine Sekte zu gründen.

NAGELBETT

Fordern Sie Ihren Freund dazu heraus, einen aufgeblasenen Luftballon auf einen mit der Spitze nach oben zeigenden Reißnagel zu drücken, ohne ihn zum Platzen zu bringen.

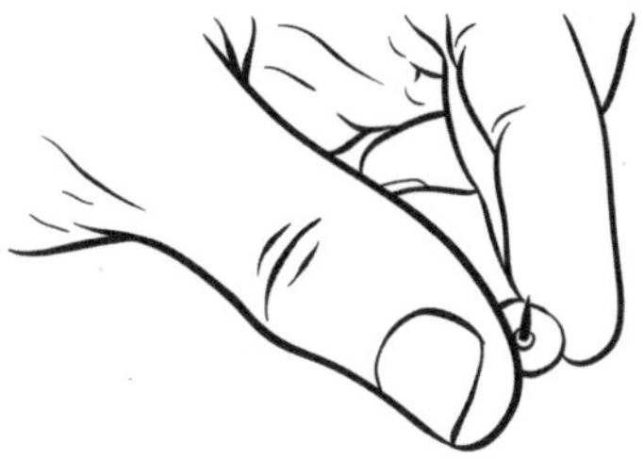

Um die Wette zu gewinnen, legen Sie etwa zwanzig Reißnägel auf den Tisch – verblüffenderweise können Sie einen Luftballon daraufdrücken, ohne dass er zerplatzt.

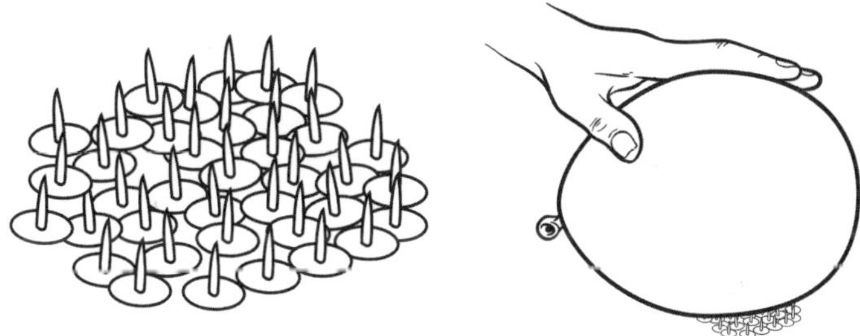

Bei nur einem Reißnagel konzentriert sich der ganze Druck, der auf dem Ballon lastet, auf die eine Spitze, so dass sie die Haut des Ballons sogleich durchstößt. Wenn Sie hingegen den Ballon auf eine größere Menge Reißnägel drücken, wird die Kraft auf alle Nagelspitzen verteilt, und ein einzelner Reißnagel übt nicht mehr genügend Druck aus, die Ballonhaut zu durchdringen.

SPRUNGHAFTE BATTERIEN

Zeigen Sie Ihren Freunden eine leere und eine volle Batterie und fordern Sie sie auf, zu sagen, welche sich in welchem Zustand befindet, ohne sie in ein Gerät einzulegen.

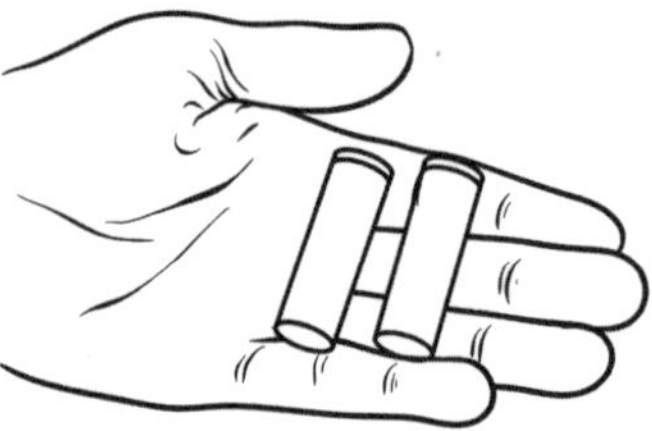

Um die Wette zu gewinnen, lassen Sie die Batterien einfach auf einen Tisch fallen - die leere Batterie wird viel höher springen als die volle.

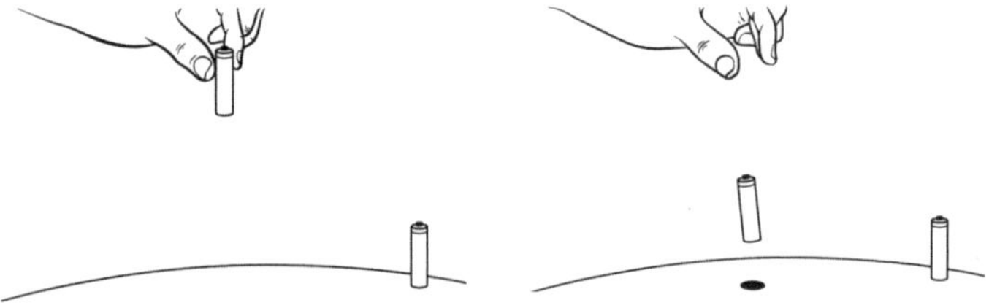

Forscher der Princeton University haben entdeckt, dass dieses merkwürdige Phänomen mit der Art und Weise zu erklären ist, in der Batterien Energie produzieren. Das Innere einer neuen Batterie besteht aus einer Lage Zink, die um einen Messingkern gewickelt ist. Beim Einsatz der Batterie verwandelt sich dieses Zink in Zinkoxid, und die Verbindungen zwischen den Teilchen ähneln dann eher Sprungfedern. Die Federkraft lässt die leere Batterie höher springen.

DER VERFLIXTE TURM

Für diese Wette benötigen Sie drei zylinderförmige Trinkgläser. Fordern Sie Ihren Freund dazu heraus, sie auf den Rändern aufeinanderzutürmen.

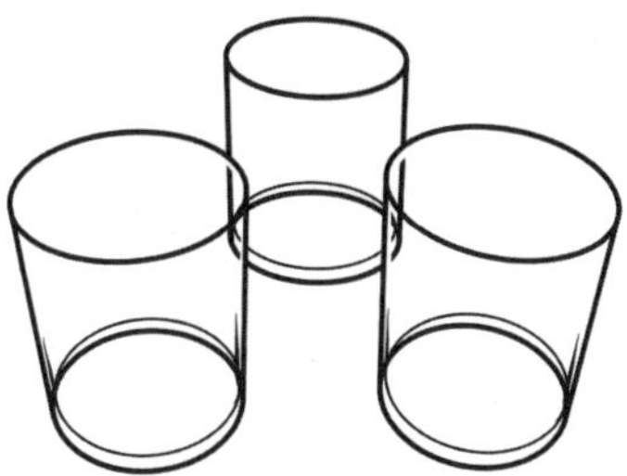

Um die Wette zu gewinnen, stapeln Sie sie einfach übereinander wie in der Abbildung.

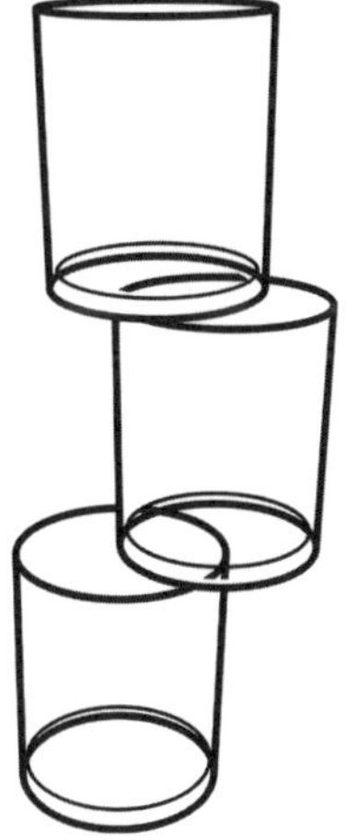

DIE EVENT-SERVIETTE

Nehmen Sie eine Papierserviette und reißen Sie sie auf der linken Seite bis etwa 1 Zentimeter vor dem unteren Rand ein. Wiederholen Sie dies auf der rechten Seite der Serviette. Bitten Sie nun jemanden, die zwei äußeren Streifen zu halten und abzureißen, so dass drei getrennte Stücke entstehen.

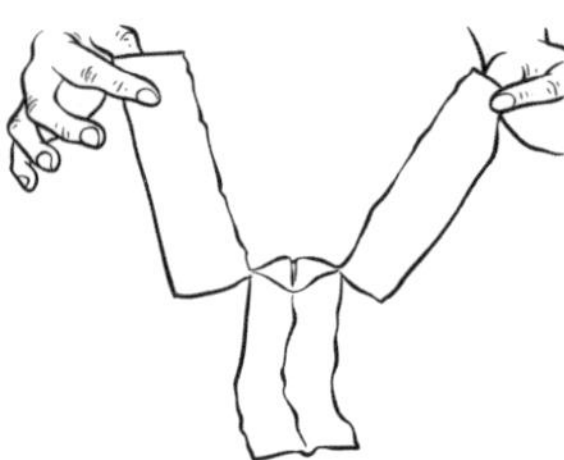

Egal, wie vorsichtig er reißt, Ihr Wettpartner hält am Ende immer nur *zwei* Stücke in Händen.

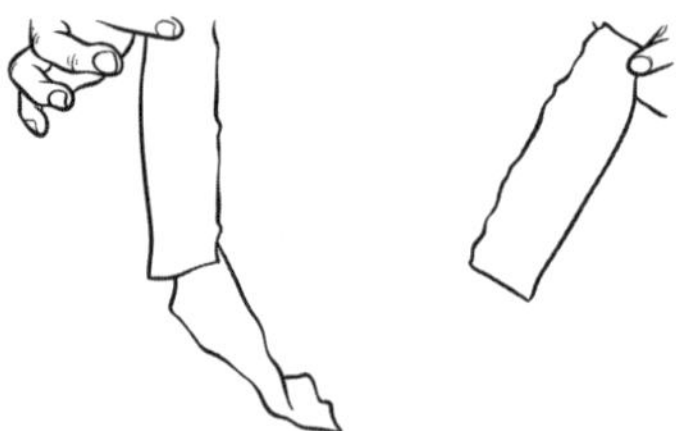

Warum ist das so? Die Länge der beiden Risse wird stets ein klein wenig unterschiedlich sein, und so wird eine Seite eher abreißen als die andere. Die einzige Art, die Wette zu gewinnen, besteht darin, das Mittelstück in den Mund zu stecken und dann an den äußeren Streifen zu ziehen!

WASSERWERKE

Zehn Arten, eine Wette mit Wasser
zu gewinnen

VERBLÜFFENDE FAKTEN ÜBER WASSER

- Archimedes, der große Mathematiker des antiken Griechenland, war fasziniert vomWasser. Bekanntermaßen sprang er einmal aus seiner Badewanne und rief: »Heureka!« - was auf Deutsch soviel heißt wie »Das Wasser war viel kälter, als es aussah«.

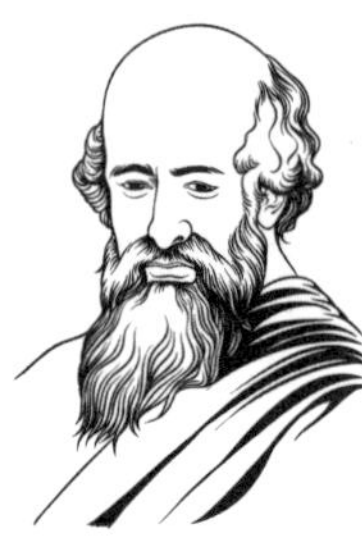

- Um einen halben Liter Bier herzustellen, benötigt man 150 Liter Wasser.
- Im Jahr 1963 stellte der tansanische Schüler Erasto Mpemba fest, dass unter bestimmten Umständen heißes Wasser schneller gefriert als kaltes! Dieses paradoxe Phänomen wird nach ihm als Mpemba-Effekt bezeichnet, aber Wissenschaftler können es bis heute nicht vollständig erklären.
- Das gesamte Wasser auf der Erde stammt von Kometen und Asteroiden, die vor 4,5 bis 3,8 Milliarden Jahren auf unseren Planeten auftrafen.
- Seit der Entstehung von Leben auf der Erde ist die Wassermenge gleich geblieben, und so kann ein Glas Wasser Moleküle enthalten, die einst Dinosaurier getrunken haben.

DIE SCHAUKEL

Für diese Wette benötigen Sie eine runde Batterie, ein Lineal und zwei kleine Becher mit Wasser. Legen Sie die Batterie auf den Tisch und darauf das Lineal. Anschließend stellen Sie die Becher auf die beiden Enden des Lineals.

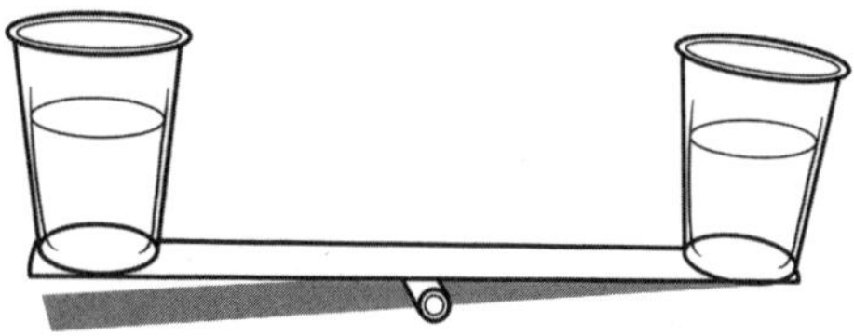

Dann fordern Sie jemanden auf, die Schaukel in Bewegung zu bringen, allerdings, ohne die Becher oder das Lineal zu berühren. Um die Wette zu gewinnen, tauchen Sie einfach die Finger ins Wasser, und die Schaukel wird sich bewegen!

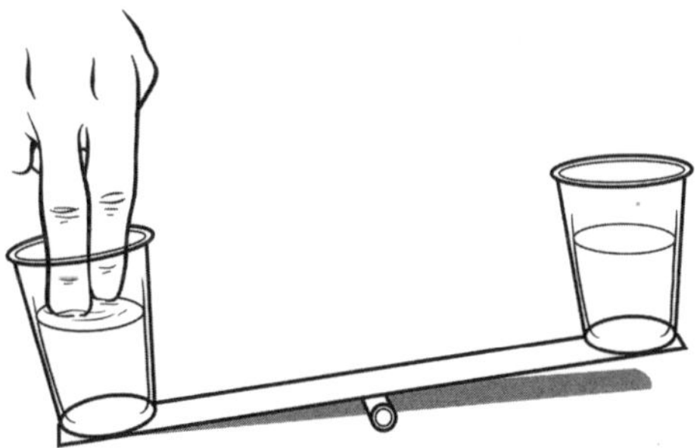

Wenn man die Finger in das Wasser steckt, steigt der Wasserspiegel im Becher. Je höher der Wasserstand, desto größer ist der Wasserdruck am Boden. Das bewirkt, dass der Becher das Lineal zum Kippen bringt.

BLITZHANDSCHELLEN

Borgen Sie sich von jemandem einen Geldschein aus und bitten Sie ihn, die Hände mit der Handfläche nach unten rechts und links davon auf den Tisch zu legen. Dann erklären Sie ihm, dass er für den ersten Teil der Wette zwei Gläser mit Wasser auf seinen Fingern balancieren muss. Sobald er das vollbracht hat, nehmen Sie die Banknote und laufen weg!

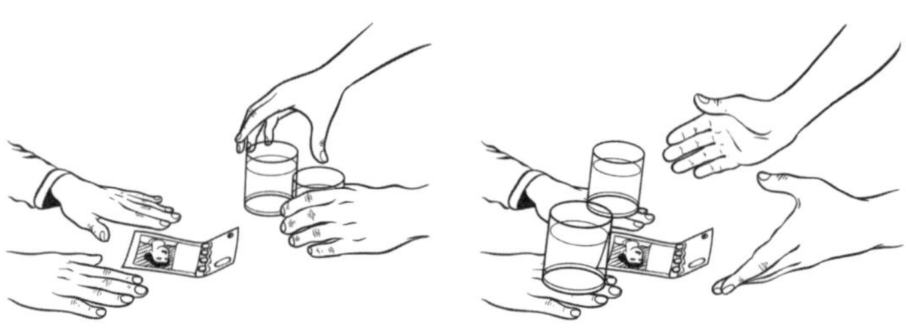

Der legendäre Harry Houdini verbrachte sein ganzes Leben damit, sich aus Handschellen, Ketten und Gefängnissen zu befreien. Doch verschiedenen Biographien des großen Entfesselungskünstlers zufolge gab es einen Fall, bei dem er aus den merkwürdigsten Gründen schwer um seine Befreiung zu kämpfen hatte. Während einer Tournee durch Schottland kettete man Houdini in einer Gefängniszelle an und schloss die Tür. Die Ketten waren kein Problem, und er machte sich daran, mit Dietrichen, die er in seiner Kleidung versteckt hatte, die Tür zu öffnen. Er versuchte es über zwei Stunden lang, aber es gelang ihm einfach nicht. Schweißgebadet und erschöpft warf er sich an die Tür. Sofort sprang sie auf, und Houdini musste feststellen, dass sie überhaupt nicht verriegelt worden war! Er hatte die ganze Zeit in seinem Kopfgefängnis verbracht.

ALLES VERÄNDERT SICH

Zeichnen Sie einen Pfeil auf ein Blatt Papier, stellen Sie es vor ein Glas und fordern jemanden auf, die Richtung des Pfeils umzukehren, ohne das Papier zu berühren.

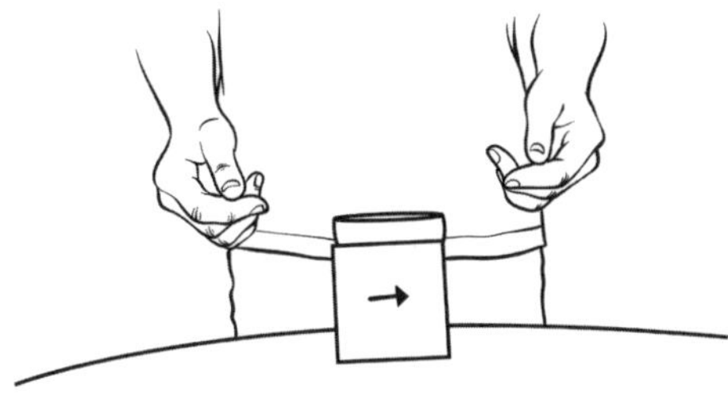

Um die Wette zu gewinnen, schieben Sie einfach ein Glas Wasser vor das Papier: Der Pfeil wird in die entgegengesetzte Richtung zeigen.

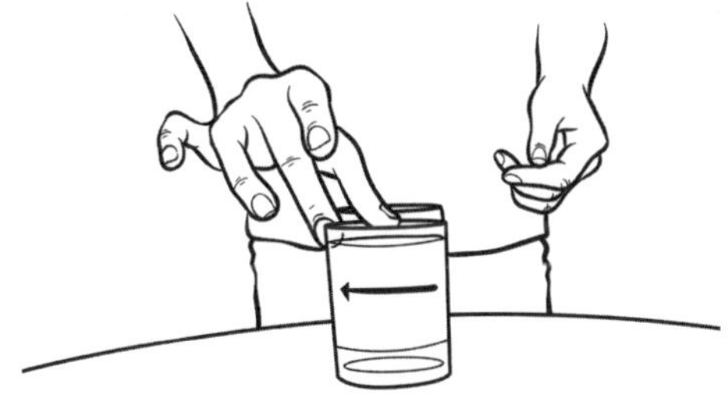

DAS GETRÄNK, AN DAS MAN NICHT HERANKOMMT

Erklären Sie einem Freund, Sie würden sein Getränk so auf den Tisch stellen, dass er es nicht trinken kann. Um die Wette zu gewinnen, legen Sie ein dünnes Stück Karton auf das Glas und drehen es dann vorsichtig um (wobei Sie am besten die Karte festhalten!)

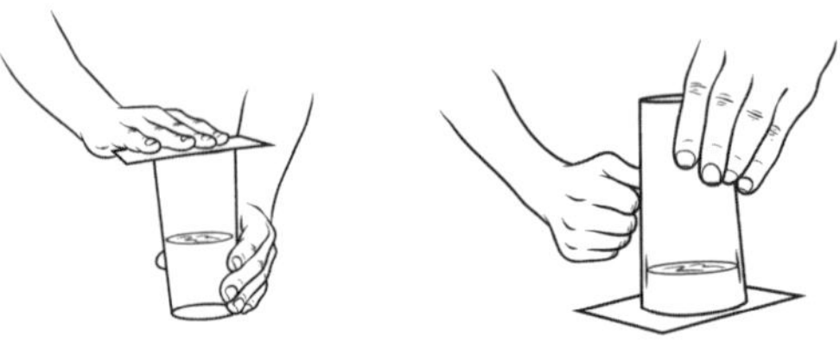

Dann stellen Sie das Ganze auf den Tisch und ziehen langsam die Karte weg. Ihr Freund wird kaum in der Lage sein, aus dem Glas zu trinken, und wenn er es anhebt,wird alles über den Tisch fließen.

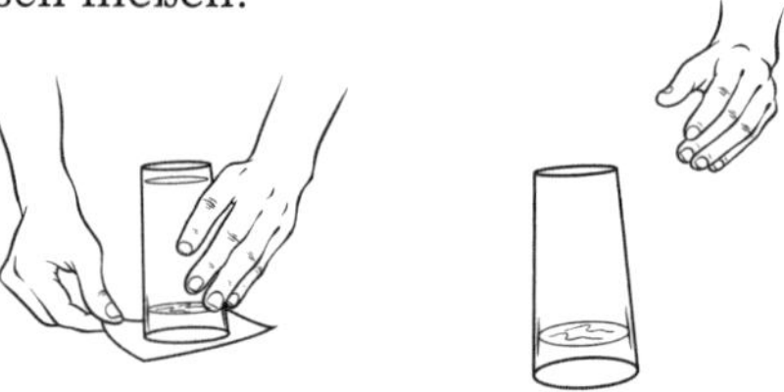

Diese Wette funktioniert am besten mit einem leichten, flexiblen, wasserfesten Stück Karton.
Drücken Sie den Karton fest auf das Glas, während Sie es umdrehen.
Verwenden Sie ein Glas mit einer relativ großen Öffnung und einem kleinen Boden.

Bei dieser Wette geht es um Luftdruck. Er wirkt von unten, während das Gewicht des Wassers von oben auf den Karton einwirkt. Die Kraft des Luftdrucks arbeitet der Kraft des Wassers entgegen, so dass das Stück Karton an seinem Platz bleibt.

JEDER CENT ZÄHLT

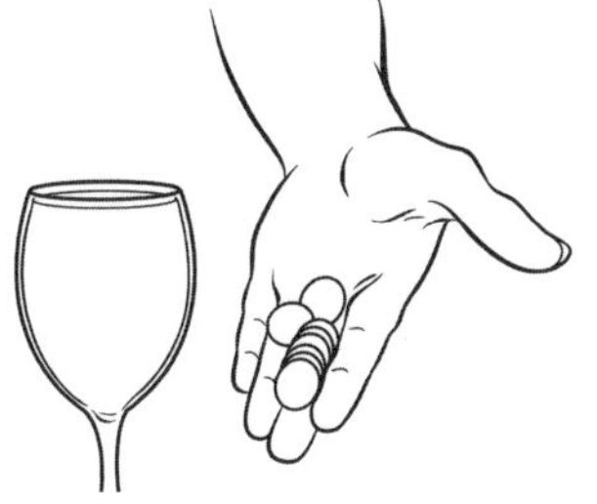

Füllen Sie ein Weinglas bis zum Rand mit Wasser und bitten Sie jemanden zu schätzen, wie viele Centstücke Sie ins Glas fallen lassen können, ohne dass Wasser überläuft.

Wahrscheinlich schätzt Ihr Wettpartner die Zahl auf ein oder zwei Münzen. Verblüffenderweise kann man jedoch mindestens zehn Centstücke hineingeben, ohne dass auch nur ein Tropfen überläuft.

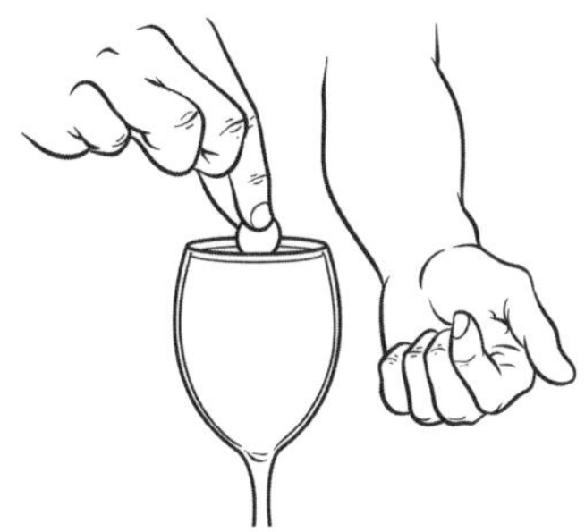

Die Moleküle an der Wasseroberfläche sind sehr fest miteinander verbunden, ein Phänomen, das als Oberflächenspannung bezeichnet wird. Wenn man die Centstücke in das Wasser legt, steigt das verdrängte Wasser und bildet eine Kuppel, weil sich die Oberfläche des Wassers dehnt. Wenn man jedoch zu viele Centstücke hineinlegt, reicht die Oberflächenspannung nicht mehr aus, und das Wasser rinnt an der Außenwand des Weinglases hinunter. Fügt man dem Wasser Spülmittel bei, verringert sich die Oberflächenspannung, und es reichen schon wenige Centstücke, um das Glas zum Überlaufen zu bringen.

HINUNTERGESPÜLT

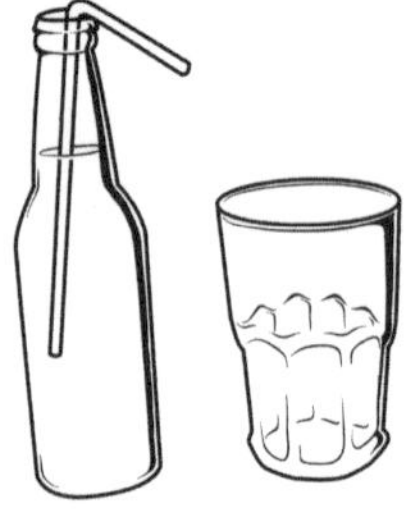

Geben Sie einen abgeknickten Strohhalm in eine mit Wasser gefüllte Flasche und wetten Sie mit jemandem darauf, dass Sie die Hälfte des Flascheninhalts in ein Glas fließen lassen können, ohne die Flasche zu bewegen oder an dem Strohhalm zu saugen.

Um die Wette zu gewinnen, legen Sie die Lippen einfach um den Flaschenrand und blasen hinein. Der Luftdruck wird die Flüssigkeit durch den Trinkhalm in das Glas pressen.

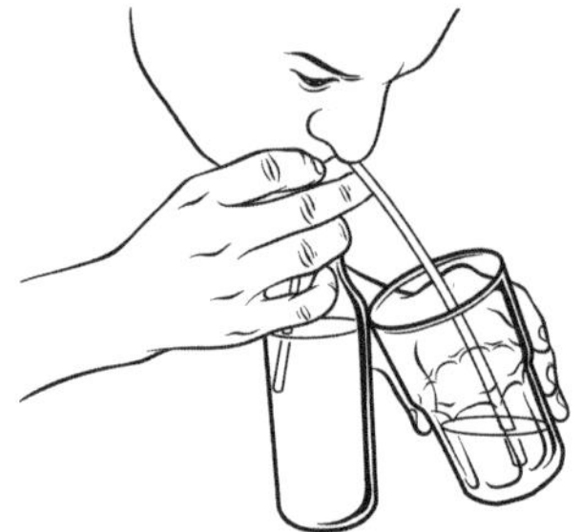

Im Jahr 1888 erfand der Amerikaner Marvin Chester Stone den modernen Trinkhalm. Stone wickelte einen Papierstreifen um einen Bleistift, zog die so entstandene Hülse von dem Bleistift ab und klebte das Ende des Papierstreifens fest. Die ersten so hergestellten Trinkhalme waren etwa 20 Zentimeter lang und ziemlich dünn, etwa wie ein heutiger Cocktail-Trinkhalm. Stones schlichter Einfall hat Millionen Menschen zu einem besseren Leben verholfen, weil ein Trinkhalm dafür sorgt, dass die Säure aus dem Cocktail nicht direkt mit den Zähnen in Kontakt kommt, und so erheblich zur Verringerung von Zahnverfall und Zahnlöchern beiträgt.

Im Gegensatz zu vielen Industriellen des 19. Jahrhunderts lag Stone das Wohlergehen seiner Arbeiter sehr am Herzen. Er bot ihnen eine gut bestückte Bibliothek, einen Musikraum und einen Tanzsaal und ließ Mietshäuser für die afroamerikanischen Bewohner Washingtons errichten.

AUSGETRICKST

Wetten Sie mit einen Freund, dass Sie eine leere Getränkedose gekippt ins Gleichgewicht bringen können.

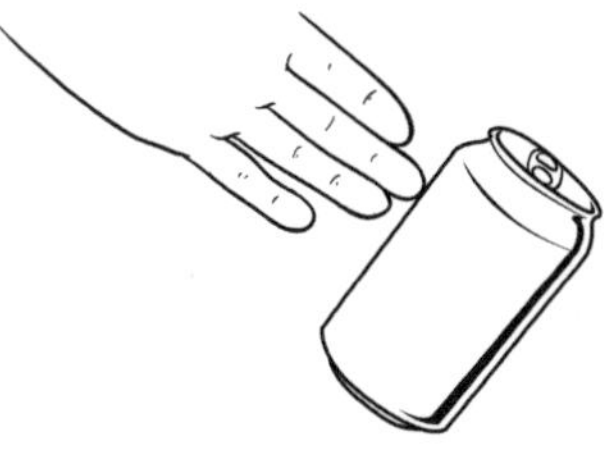

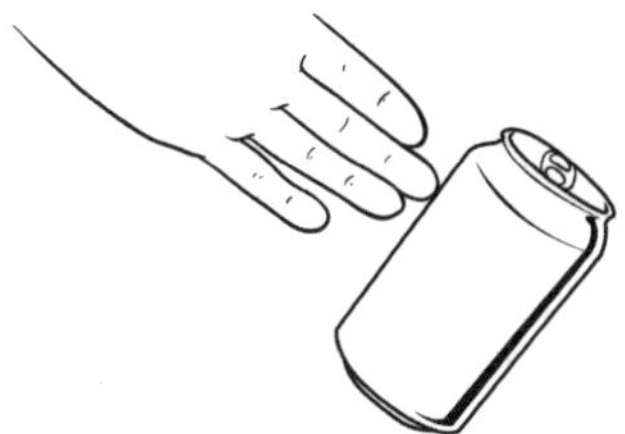

Wenn Ihr Freund die Wette annimmt, gießen Sie ungefähr 100 Milliliter Wasser in die Dose. Danach können Sie die Dose nicht nur gekippt auf ihre untere Kante stellen, sie wird auch, wenn Sie ihr einen sanften Schubs geben, auf der Unterkante über den Tisch kreisen!

Eine Dose mit Flüssigkeit hat ihren Schwerpunkt ungefähr in der Mitte der Füllung. Folglich liegt der Schwerpunkt einer mit viel Flüssigkeit gefüllten Dose relativ weit oben. Wenn man versucht, eine so gefüllte Dose schräg auf ihrem unteren Rand ins Gleichgewicht zu bringen, liegt der Schwerpunkt nicht auf einer Linie mit dem Berührungspunkt zwischen Dose und Tisch, und die Dose wird umkippen. Wenn man aber ein wenig vom Inhalt wegschüttet, sinkt der Schwerpunkt nach unten, bis er direkt oberhalb des Berührungspunkts zwischen Dosenrand und Tisch liegt. Dann lässt sich die Dose in einer Schräglage ins Gleichgewicht bringen, die man nicht für möglich gehalten hätte.

SCHWEBEAKT

Füllen Sie ein Glas mit Wasser und fordern Sie jemanden auf, eine Büroklammer auf dem Wasser schwimmen zu lassen. Doch so oft er es versucht, die Büroklammer wird stets auf den Boden des Glases sinken.

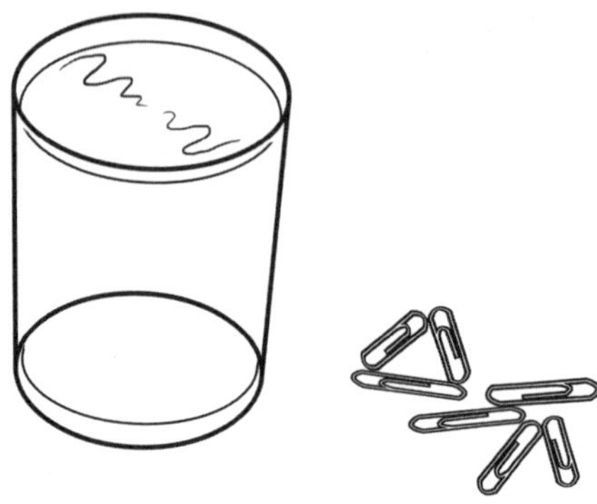

Um die Wette zu gewinnen, biegen Sie eine Büroklammer in eine »L«-Form wie in der Abbildung und legen eine zweite auf den Querbalken des »L«s.

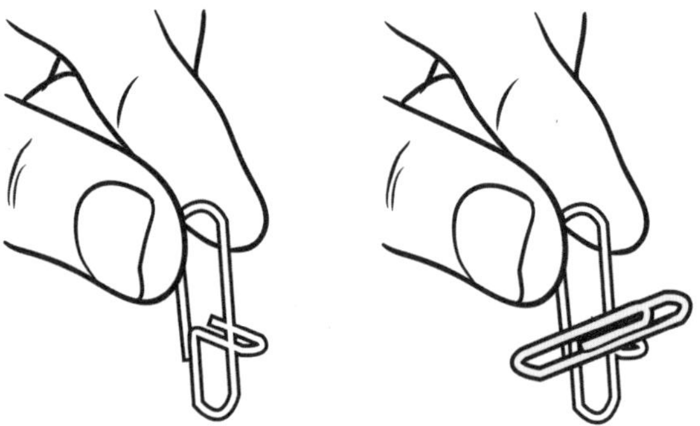

Anschließend geben Sie diese Konstruktion auf das Wasser. Verblüffenderweise bleibt die Büroklammer oben und schwimmt.

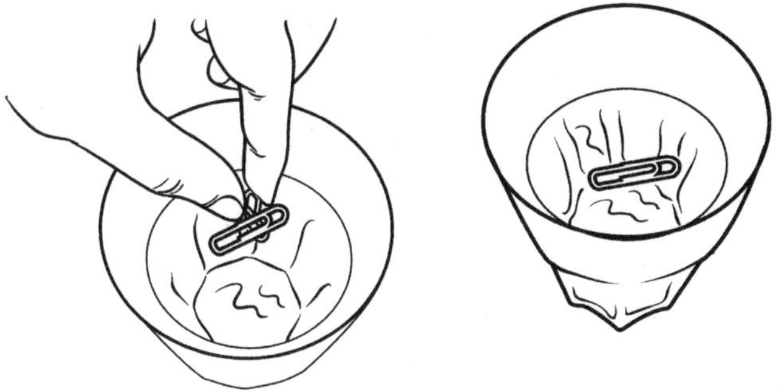

Der Trick funktioniert, weil die Moleküle auf der Wasseroberfläche durch Spannung fest miteinander verbunden sind und quasi einen dünnen Film bilden, der leichte Gegenstände tragen kann, vorausgesetzt, dass die Spannung aufrechterhalten bleibt. Wenn man die Büroklammer mit der Hand auf das Wasser legt, zerstört das Fett auf der Fingerhaut diese Spannung. Verwendet man hingegen eine Büroklammer in L-Form wie beschrieben, bleibt die Spannung erhalten.
Wenn Ihr Freund den Trick bereits kennt, geben Sie heimlich einen Tropfen Flüssigseife ins Glas. Sie zerstört die Oberflächenspannung, und die Büroklammer sinkt auf den Glasboden, auch wenn Ihr Freund allergrößte Vorsicht walten lässt.

DIE TAUCH(ER)GLOCKE

Zerknüllen Sie eine Papierserviette und legen Sie sie auf den Boden eines Glases. Sie sollte unbedingt die Wand des Glases berühren, damit sie nicht herausfällt, wenn Sie es umdrehen. Dann erklären Sie Ihrem Publikum, dass Sie das Glas vollständig unter Wasser setzen können, ohne dass die Serviette nass wird.

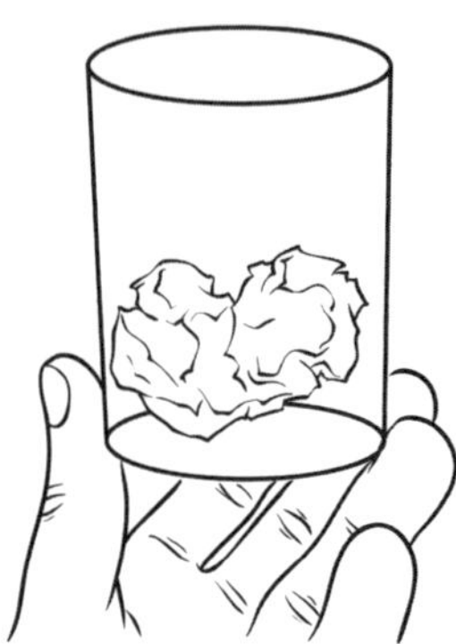

Um die Wette zu gewinnen, stellen Sie das Glas mit der Öffnung nach unten in eine Schüssel voll Wasser. Der Luftdruck wird verhindern, dass Wasser ins Glas dringt, und die Serviette bleibt vollkommen trocken!

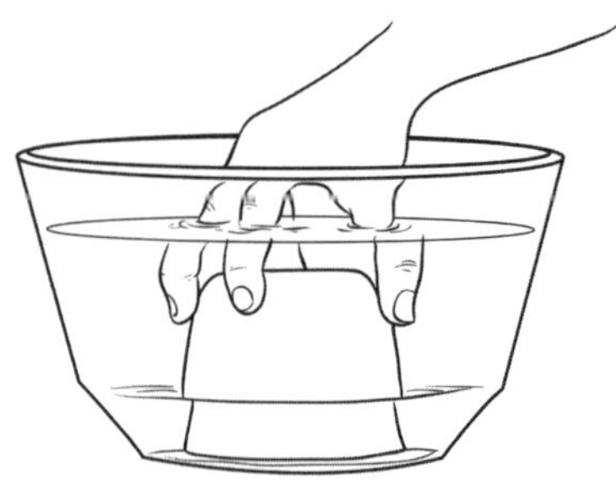

HALB VOLL ODER HALB LEER?

Füllen Sie ein zylinderförmiges Glas zu drei Vierteln mit Wasser. Dann fordern Sie jemanden auf, so viel Wasser auszugießen, dass das Glas nur noch exakt zur Hälfte gefüllt ist.

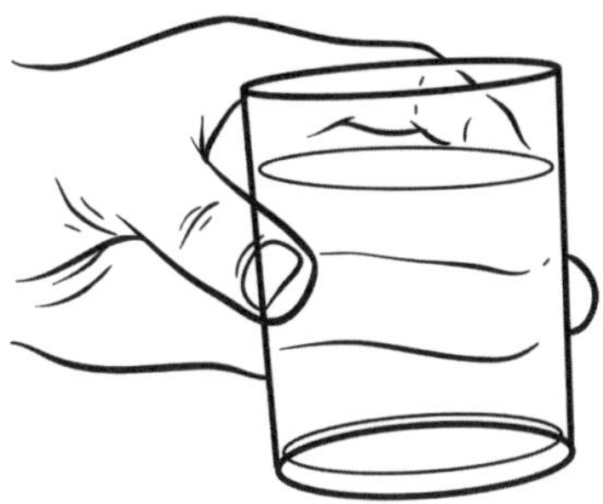

Um die Wette zu gewinnen, kippen Sie das Glas und lassen so viel von dem Wasser in eine Schüssel fließen, bis die Wasseroberfläche eine gerade Linie zwischen Glasrand und -boden bildet, und schon haben sie genau ein halbes Glas Wasser.

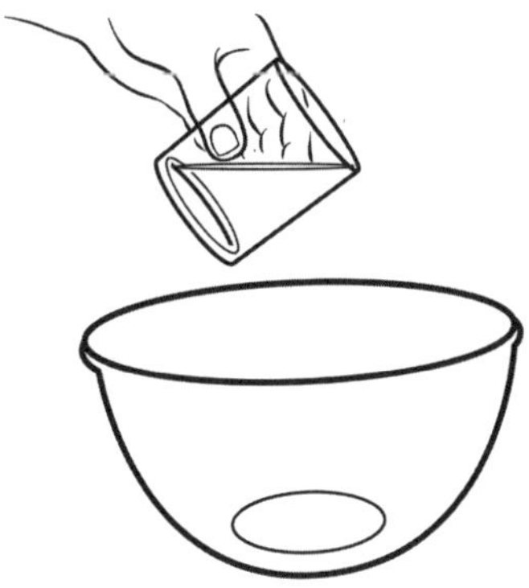

KÜCHENKAPRIOLEN

Zehn Arten, eine Wette mit Lebensmitteln zu gewinnen

VERBLÜFFENDE FAKTEN ÜBER LEBENSMITTEL

- Honig schmeckt zwar gut, besteht aber aus Nektar und Bienenkotze.
- Es gibt über 7000 Apfelsorten. Wenn Sie also jeden Tag eine andere probieren wollen, dauert es zwanzig Jahre, bis Sie alle durchhaben.
- Der glänzende Überzug, den man häufig auf Süßigkeiten findet, wird aus den Ausscheidungen der asiatischen Lackschildlaus hergestellt.
- Um das Jahr 250 n. Chr. benutzten Maya und Azteken Kakaobohnen als Währung.
- Archäologische Funde weisen darauf hin, dass um 6000 v. Chr. zum ersten Mal Suppe gegessen wurde. Höchstwahrscheinlich war sie aus Flusspferd zubereitet worden.

SPAGHETTIBRUCH

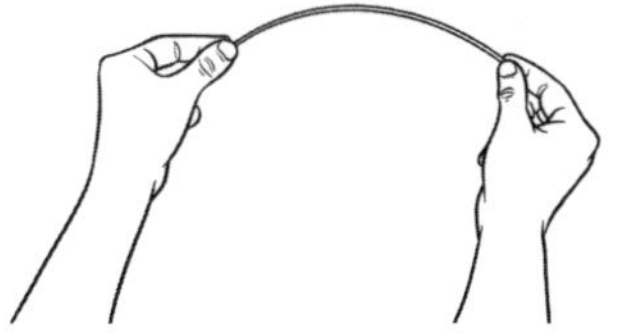

Bitten Sie jemanden, die Enden einer ungekochten Spaghettinudel zu halten wie in der Abbildung ...

... und fordern Sie ihn dann auf, die Nudel weiter zu biegen, bis sie in zwei Stücke zerbricht. Das klingt simpel, aber es werden dabei stets mehr als zwei Bruchstücke herauskommen, und so gewinnen Sie die Wette!

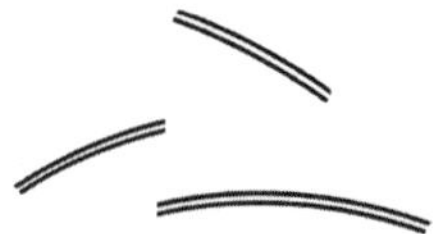

Diese Wette hat bereits viele große Geister ratlos gemacht, darunter auch den Bongospieler und Physiker Richard Feynman. Im Jahr 2005 lösten zwei französische Kollegen von ihm das Rätsel mittels Hochgeschwindigkeitskameras, unzähligen Gleichungen und einer LKW-Ladung Spaghetti. In ihrem Bericht mit dem Titel »Fragmentierung von Stäben durch kaskadenartige Brüche: Warum sich Spaghetti nicht in zwei Teile brechen lassen« erklärten sie, dass der erste Bruch eine sich rasch ausbreitende Schockwelle auslöst, die durch die zwei neu entstandenen Spaghettiteile läuft und weitere Brüche verursacht.

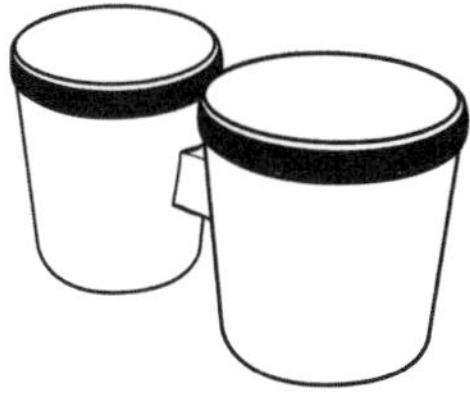

APFELSINENGLÜCK

Für diese Wette benötigen Sie ein Trinkglas und eine Orange. Stellen Sie das Glas mit der Öffnung nach unten auf den Tisch und fordern Sie jemanden auf, die Frucht oben auf dem Glas zu balancieren.

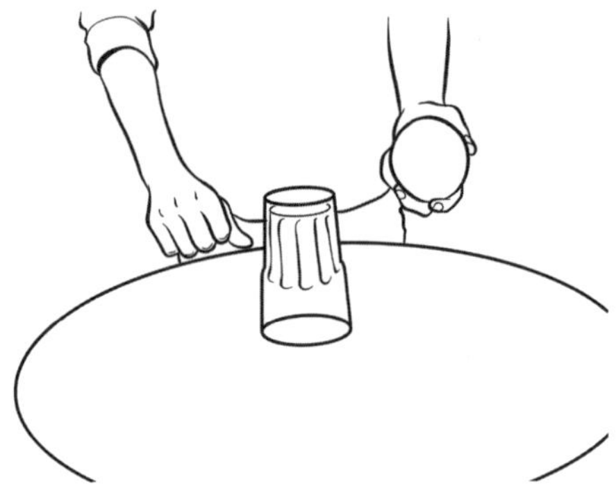

Wenn er das tut …

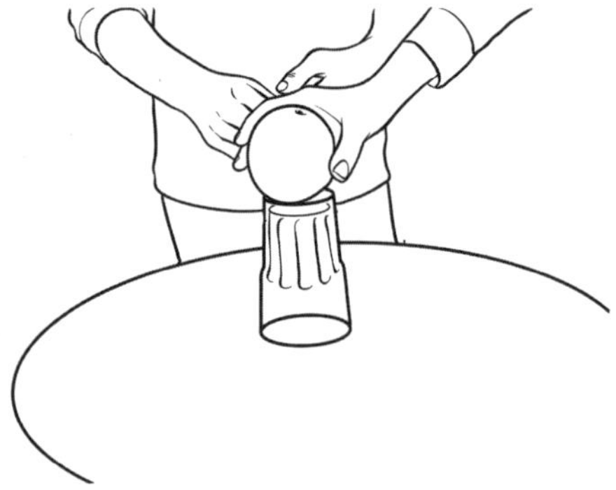

… erklären Sie, dass Sie die Wette gewonnen haben, weil er die Orange auf den *Boden* des Glases gelegt hat!

DER IDEALE EISBRECHER

Geben Sie einen Eiswürfel in ein Getränk und fordern Sie jemanden auf, ihn mit Hilfe eines Fadens wieder herauszuholen.

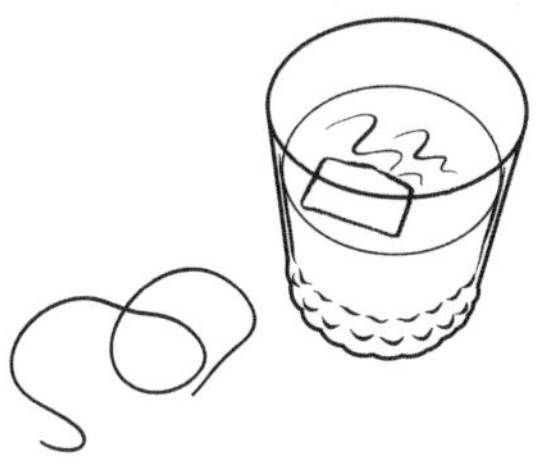

Um die Wette zu gewinnen, legen Sie das Fadenende auf den Eiswürfel und streuen ein wenig Salz darauf. Nach etwa einer Minute können Sie den Eiswürfel an dem Faden aus dem Getränk ziehen.

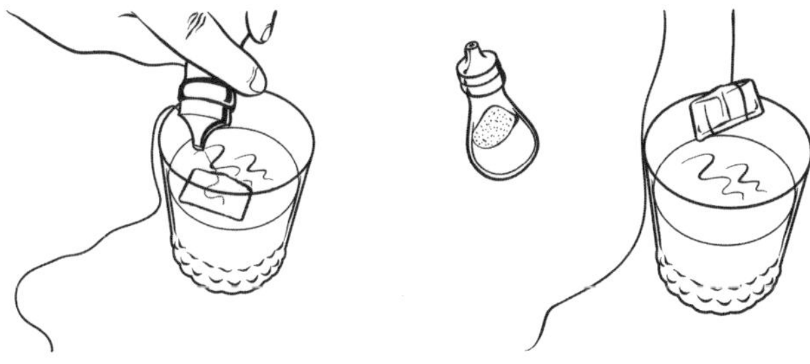

Salz senkt den Gefrierpunkt des Wassers. »Aber wie funktioniert das?«, höre ich Sie fragen. Also: Wenn sich Wasser im flüssigen Zustand befindet, flitzen seine Moleküle ziemlich schnell umher und halten Abstand zueinander. Kühlt man das Wasser herunter, wird ein Teil der für dieses Herumflitzen benötigten Energie abgezogen, und die Moleküle bewegen sich langsamer. Mit weiter abnehmender Temperatur werden sie schließlich so träge, dass sie sich eng aneinanderschmiegen und schließlich so fest verbinden, dass Eis entsteht. Fügt man

Wasser Salz bei, unterbinden die Salzmoleküle solche Kuscheleien, und die Temperatur muss noch mehr absinken, ehe die Wasser-Salz-Mischung fest wird. Als Sie Salz auf den Eiswürfel streuten, haben Sie an der entsprechenden Stelle den Gefrierpunkt herabgesetzt, so dass das Eis wieder zu Wasser schmolz. Doch schon nach kurzer Zeit ist das umgebende Eiswasser erneut gefroren, und der Faden war im Eis gefangen.

Diese Gesetzmäßigkeiten erklären auch, warum es gut ist, bei feuchtem Wetter und Eiseskälte Salz auf die Straßen zu streuen. Es senkt den Gefrierpunkt von Regen und verringert die Wahrscheinlichkeit, dass sich das Wasser in heimtückisches Eis verwandelt. Wenn die Temperatur extrem niedrig ist (sagen wir, minus 30 Grad Celsius), wirkt das Salz nicht, und man muss eine Chemikalie namens Natriumacetat einsetzen. Mit diesem Stoff werden auch Kartoffelchips der Geschmacksrichtung Salz + Essig behandelt. Was vielleicht erklärt, warum sie einem auf der Zunge zergehen.

KEIN EI OHNE SALZ

Zeigen Sie, dass Sie ein Ei auf der Spitze balancieren können und bitten Sie jemanden, es Ihnen nachzumachen. Es wird ihm nicht gelingen, weil er das Geheimnis dieses Tricks nicht kennt.

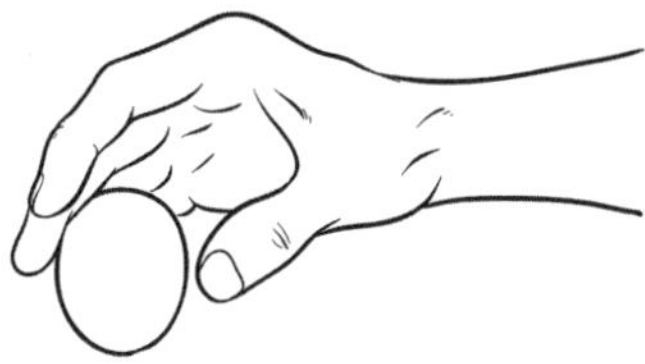

Bevor Sie beginnen, häufen Sie ein wenig Salz auf dem Tisch auf, stellen das Ei darauf und blasen dann den Großteil des Salzes weg. Das Ei wird auf ganz wenigen Salzkörnern stehen bleiben.

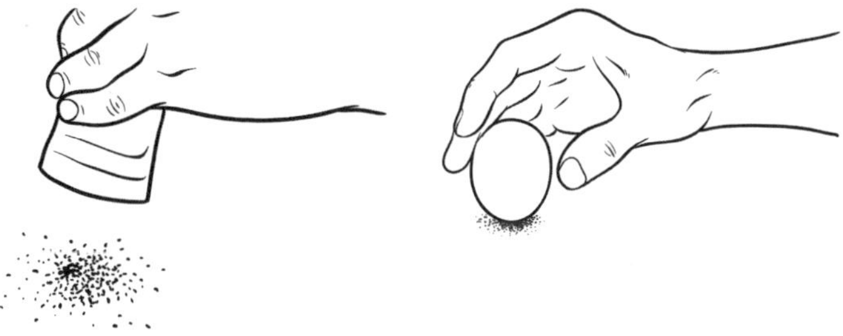

Normalerweise liegen Eier auf der Seite, weil in dieser Position ihr Schwerpunkt so tief wie möglich liegt. Man braucht allerdings nur ein paar Salzkörner, um die Schwerkraft auszutricksen. Die kleinen Partikel sorgen für genügend Reibung, um das Ei in einer aufrechten Position zu halten.

AUSBÜXEN

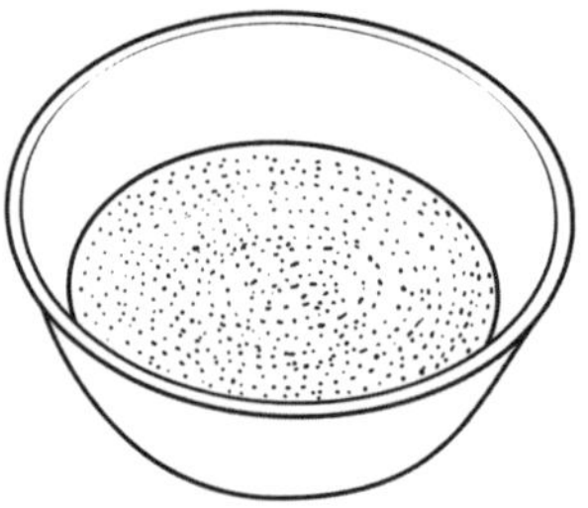

Streuen Sie ein wenig Pfeffer in eine Schüssel mit Wasser und fordern Sie jemanden aus Ihrem Publikum auf, den Pfeffer an den Schüsselrand zu schieben.

Um die Wette zu gewinnen, streichen Sie sich ein wenig Spülmittel auf die Fingerspitze und berühren damit die Wasseroberfläche.

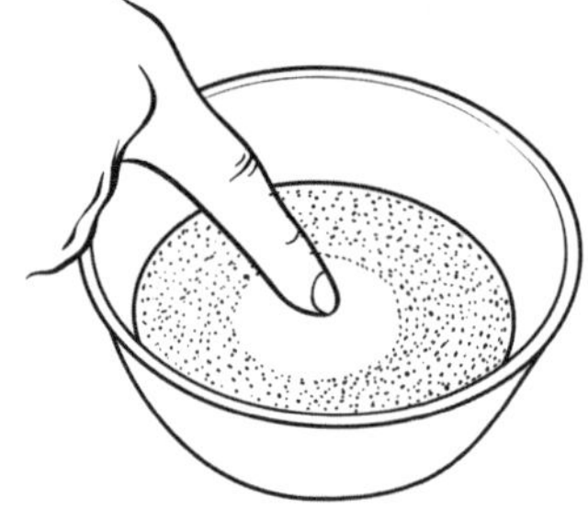

Auf der Wasseroberfläche klammern sich die Moleküle fest aneinander, was dazu führt, dass sie sich etwa wie die Haut eines aufgeblasenen Ballons verhält. Diese »Oberflächenspannung« löst sich, wenn das Wasser mit dem Spülmittel in Kontakt kommt, so wie ein Ballon platzt, wenn man mit einer Nadel hineinsticht. Die Wassermoleküle flitzen dann zum Schüsselrand und nehmen den Pfeffer mit.

KARTOFFELPIERCING

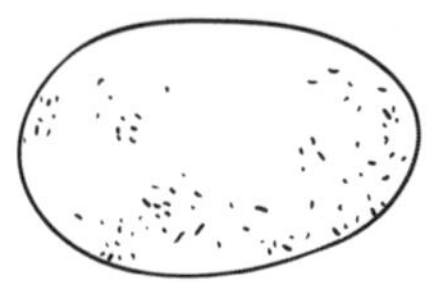

Wetten Sie mit Ihren Freunden, dass Sie einen Kunststofftrinkhalm durch eine Kartoffel stoßen können.

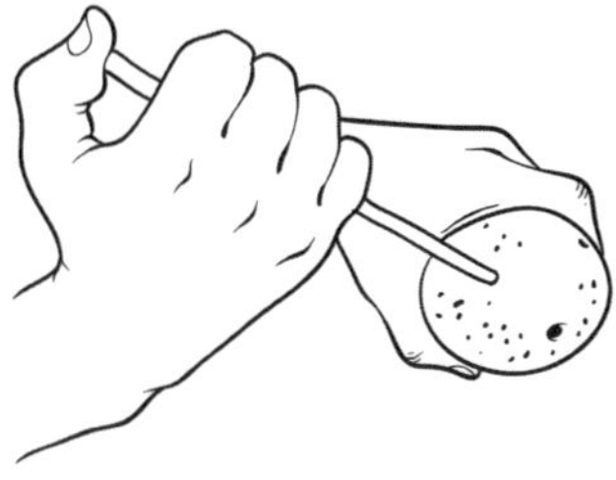

Wenn jemand die Wette annimmt, packen Sie die Kartoffel fest zwischen Daumen und Finger, achten aber darauf, dass sich Ihre Hand nicht hinter der Kartoffel befindet. Dann legen Sie die andere Hand um den Trinkhalm, und zwar oberhalb des unteren Drittels wie in der Abbildung. Gleichzeitig halten Sie mit dem Daumen die obere Halmöffnung zu.

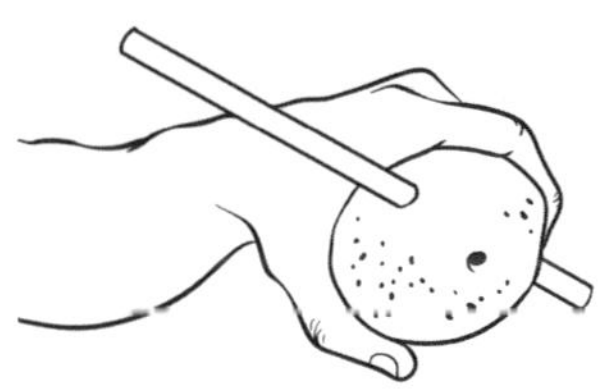

Man kann auch das Trinkhalmende umknicken. Nun stoßen Sie den Trinkhalm an der schmalsten Stelle in die Kartoffel. Er wird auf der anderen Seite wieder herauskommen.

Da die obere Öffnung mit dem Daumen verschlossen ist, wird die Luft im Halm beim Auftreffen auf die Kartoffel zusammengedrückt und stabilisiert die Wand des Trinkhalms. Wichtig ist, den Trinkhalm senkrecht in die Kartoffel zu stoßen.

PFEFFERKLAUBER

Streuen Sie Salz und Pfeffer auf einen Teller, vermischen Sie die beiden Gewürze und fordern Sie jemanden dazu heraus, nur den Pfeffer zu entfernen.

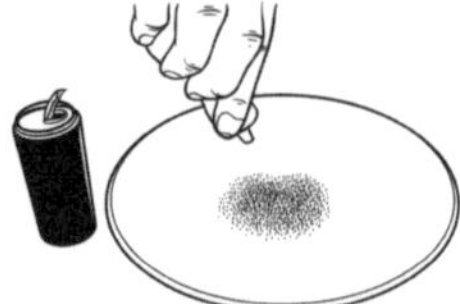

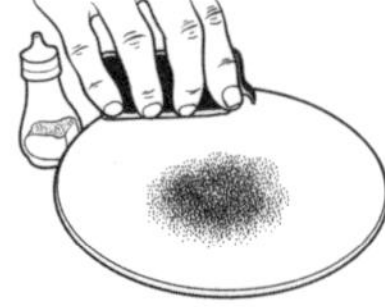

Um die Wette zu gewinnen, blasen Sie einen Luftballon auf, reiben ihn an Ihrem T-Shirt oder Pullover und halten ihn über den Teller. Die statische Aufladung wird bewirken, dass der Pfeffer auf den Ballon hüpft und das Salz auf dem Teller zurückbleibt.

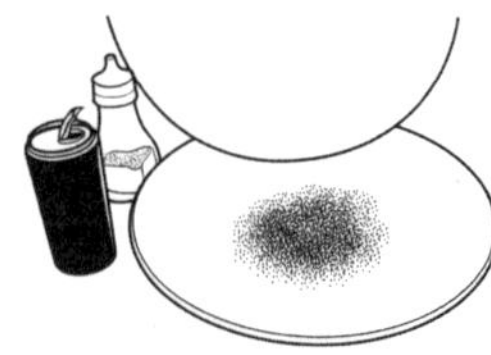

Warum funktioniert das? Hier ist wieder unsere alte Freundin, Madame Statische Aufladung, am Werk. Wenn man den Ballon an seinem Pullover reibt, wandern negativ geladene Elektronen vom Pullover auf den Ballon, das heißt, er wird negativ aufgeladen. Führt man diesen dann in geringem Abstand über die Pfeffer-Salz-Mischung, sorgt er dafür, dass die negativ geladenen Elektronen von den beiden Gewürzen (gleiche Ladungen stoßen sich ab, ungleiche ziehen sich an) abgestoßen werden und die positiv geladenen zurückbleiben. Dann werden die positiv geladenen Salz- und Pfefferteilchen von dem negativ geladenen Ballon angezogen. Doch die Salzkörnchen sind relativ schwer und können sich deshalb nicht so leicht bewegen wie der Pfeffer, der sich auf den Ballon setzt, während sie den Sprung einfach nicht schaffen.

SPRUNGHAFTE TOMATE

Legen Sie eine Kirschtomate in ein kleines Weinglas und fordern Sie dann jemanden auf, sie wieder zu entfernen, ohne sie oder das Glas zu berühren.

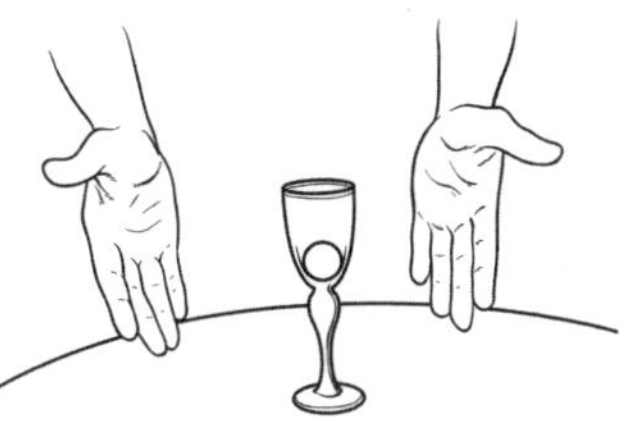

Um die Wette zu gewinnen, blasen Sie so fest wie möglich direkt in das Glas. Die Kirschtomate wird einfach herausspringen!

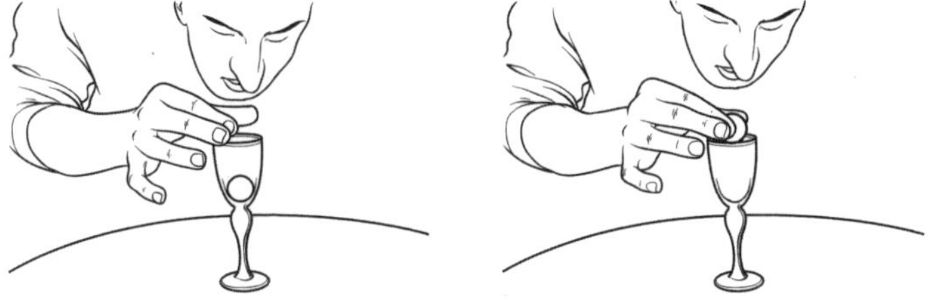

Auch hier läuft alles auf den Luftdruck hinaus. Wenn man in das Weinglas bläst, steigt wegen dessen konischer Form der Luftdruck am Boden. Die Luft will raus, sie schießt nach oben und schleudert die Kirschtomate aus dem Glas.

DER RICHTIGE DREH

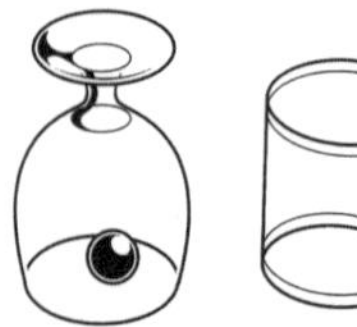

Für diese Wette benötigen Sie ein Cognacglas, eine kleine Tomate sowie ein weiteres Trinkglas. Legen Sie die Tomate auf den Tisch und stülpen Sie das Cognacglas darüber. Fordern Sie dann jemanden auf, die Tomate in das andere Glas zu befördern. Er darf jedoch nur den Stiel des Cognacglases anfassen.

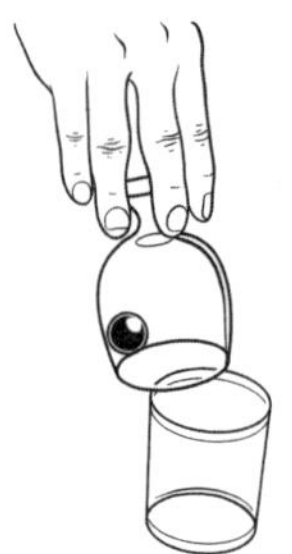

Um die Wette zu gewinnen, heben Sie das Glas ein klein wenig am Stiel an und bewegen es im Kreis. Wenn Ihnen das schnell genug gelingt, berührt die Tomate die Innenwand des Glases.

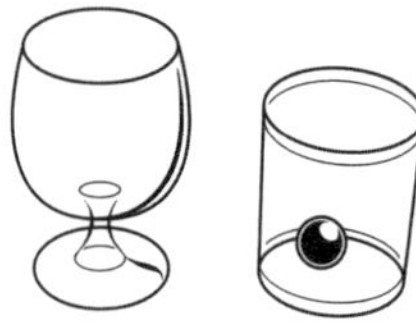

Verblüffenderweise wird die Tomate nun an der Innenwand des Glases kreisen, und Sie können es hochheben und über das zweite Glas halten, ohne dass sie herausfällt. Und wenn Sie dann stillhalten, fällt die Tomate hinein.

Auf die Frage, warum das funktioniert, wird Ihr Wettpartner wahrscheinlich den Begriff »Zentrifugalkraft« ins Spiel bringen. Aber damit irrt er sich. Tatsächlich sind Physiker nicht gerade begeistert von dem Wort (»zentrifugal« kommt aus dem Lateinischen und heißt »vom Mittelpunkt fliehend«), und manche meinen sogar, man solle es verbieten und jeden, der es gebraucht, erschießen. Nach Newtons Bewegungsgesetz wirkt auf die Tomate nämlich die sogenannte »Zentripetalkraft« ein. Voilà, da haben Sie die Erklärung.

LEMON-AID

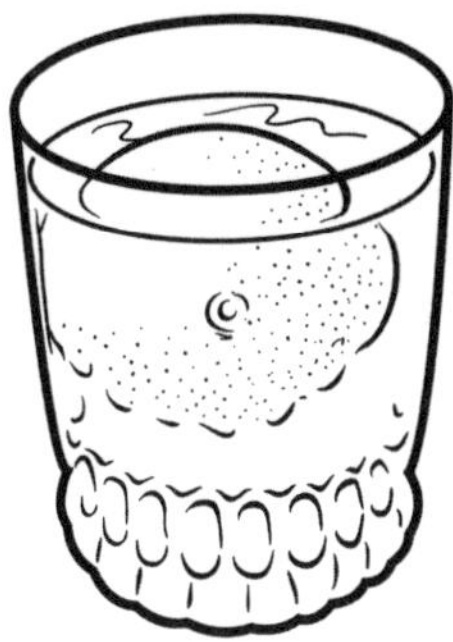

Legen Sie eine Zitrone in ein Glas Wasser. Dann fordern Sie jemanden auf, eine Münze auf die Zitrone zu legen, ohne dass sie abrutscht. Ach ja, erklären Sie ihm auch, wenn sie ins Wasser falle, gehöre sie Ihnen.

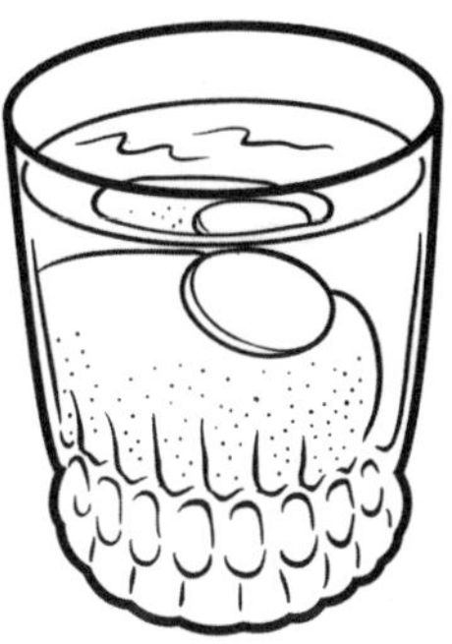

Es klingt wieder einmal ganz einfach, aber Ihr Wettpartner wird unweigerlich bei jedem Versuch scheitern.

Zitronen haben einen hohen Gehalt an Vitamin C, das hilft, Skorbut vorzubeugen. Während des kalifornischen Goldrauschs stieg die Nachfrage nach Zitronen enorm an, und die unter Mangelernährung leidenden Schürfer bezahlten Höchstsummen für eine einzige dieser Früchte. Daraufhin schoss die Zahl der Zitronenbäume in Kalifornien sprunghaft in die Höhe, und bis heute werden die Einnahmen in dieser Branche auf über eine Milliarde Dollar pro Jahr geschätzt.

PLÖTZLICH ERKENNEN SIE ES

Zehn Arten, eine Wette mit Magie und Täuschung zu gewinnen

VERBLÜFFENDE FAKTEN ÜBER DAS SEHEN

- Das Sehen ist unter unseren Sinnen der vorherrschende. Etwa 30 Prozent der Nervenzellen im menschlichen Gehirn dienen dem Sehen, hingegen nur 8 Prozent dem Tastsinn und 2 Prozent dem Hörsinn.

- Das Bild, das auf dem Augenhintergrund erscheint, steht auf dem Kopf, aber das Gehirn dreht es um und ermöglicht uns so, die Welt richtig herum wahrzunehmen.

- Die Augen des Menschen haben jeweils einen blinden Fleck, an dem der Sehnerv angedockt ist, doch er nimmt diesen Punkt nicht wahr, weil das Gehirn ihn mit etwas ausfüllt, das das Bild sinnvoll ergänzt.

- Ihre Augen können über 10 Millionen Farben unterscheiden, jedoch nur etwa 30 Grautöne.

- Babys sind so vorgeprägt, dass sie am liebsten in Gesichter schauen, und werden besonders von allem angezogen, was wie ein Augenpaar aussieht.

SCHLECHT GEFLIEST

Zeigen Sie Ihren Freunden dieses Bild und erklären Sie ihnen, dass die horizontalen Linien gerade sind. Wenn sie Ihnen nicht glauben, demonstrieren Sie ihnen mit Hilfe eines Lineals, dass Sie recht haben.

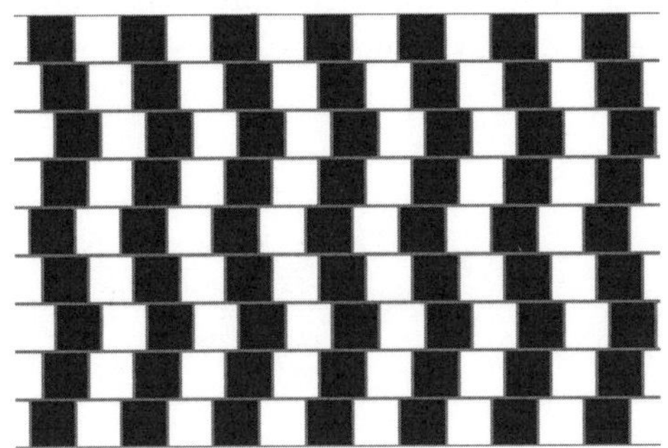

Über diese Wahrnehmungstäuschung berichtete erstmals der Psychologieprofessor Richard Gregory im Jahr 1979. In der Zeit, als er in Bristol die visuelle Wahrnehmung untersuchte, entdeckte ein Mitglied seines Teams dieses Muster in den Wandfliesen eines Cafés. Seither wird es als »Kaffehaus-Täuschung« bezeichnet.

DIE QUEEN ERHEITERN

Für diese Wette benötigen Sie eine britische Banknote oder einen beliebigen anderen Geldschein, auf dem ein Porträt abgedruckt ist. Erklären Sie Ihrem Freund, Sie könnten das ernste Gesicht zum Lächeln bringen. Wenn er dagegenhält, falten Sie das Bild entlang der Nase und anschließend in der entgegengesetzten Richtung über den Augen wie in der Abbildung.

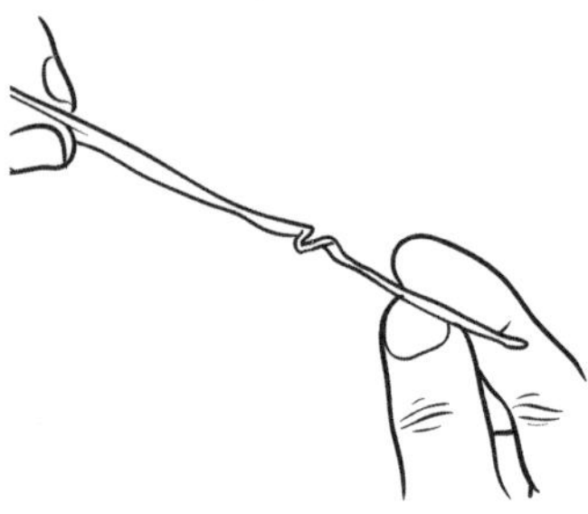

Wenn Sie den Geldschein jetzt betrachten, lächelt die Person. Drücken Sie hingegen die Mittelfalte nach oben (aus der Talfalte wird eine Bergfalte, aus den Bergfalten werden Talfalten), blickt sie Sie finster an.

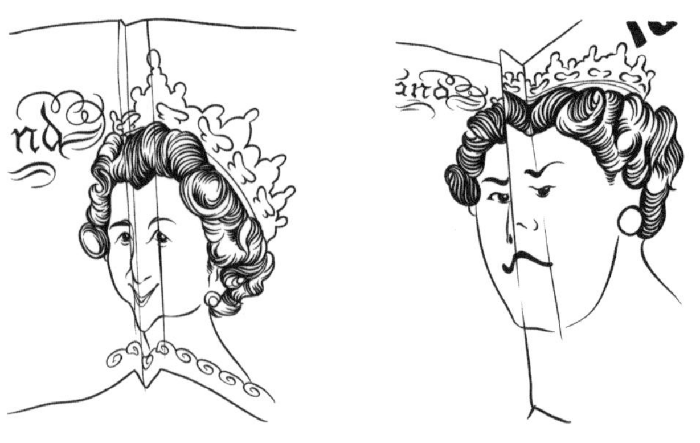

HAT-TRICK

Legen Sie eine Münze mit der Kopfseite nach oben auf den Tisch und bedecken Sie sie mit einem Hut (eine Mütze tut es auch). Erklären Sie Ihren Freunden, dass Sie die Münze umdrehen können, ohne den Hut oder die Mütze zu berühren. Dann schnipsen Sie mit den Fingern und sagen, wer überprüfen wolle, ob das stimme, könne jetzt die Mütze entfernen. Sobald sich jemand vorwagt, um nachzusehen, drehen Sie die Münze ganz schnell um. Somit haben Sie die Wette gewonnen!

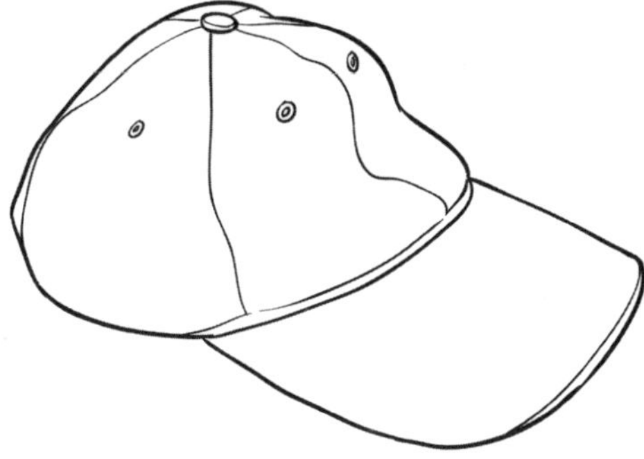

ZUM VERRÜCKTWERDEN

Zeigen Sie einem Freund diese Buchseite und fordern Sie ihn auf, die schwarzen Punkte zu zählen. Wenn er sich dazu bereit erklärt, wird er zu keinem Ende kommen!

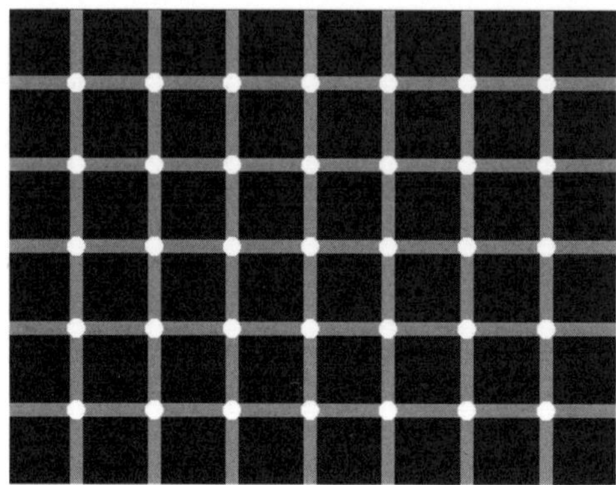

Dieser merkwürdige Effekt wurde um die Wende zum letzten Jahrhundert entdeckt und jahrelang in Lehrbüchern als »laterale Hemmung« bezeichnet. Leider ist die Sache sehr kompliziert. Das Gute aber ist, dass wir uns gar nicht mit dieser Erklärung beschäftigen müssen, weil kürzlich nachgewiesen wurde, dass sie kompletter Unsinn ist. Manche Wissenschaftler glauben inzwischen, dass »einfache Zellen des Typs S1« in der Retina an der Täuschung schuld sind, aber mit Sicherheit wird sich in ein paar Jahren herausstellen, dass auch das nicht stimmt. Offen gesagt, weiß niemand genau, was sich hier abspielt. Wenn Ihnen dazu etwas Gutes einfällt, halten Sie es umgehend auf einer Postkarte fest, schreiben Sie dazu: »Lösung für die Gittertäuschung – Sie wissen schon, die, bei der man schwarze Punkte in den Lücken sieht«, und schicken Sie sie an die nächste Fakultät für Psychologie.

DAS FEHLENDE PUZZLE-TEILCHEN

Schneiden Sie ein rechteckiges Stück Papier in fünf Teile wie in der Abbildung.

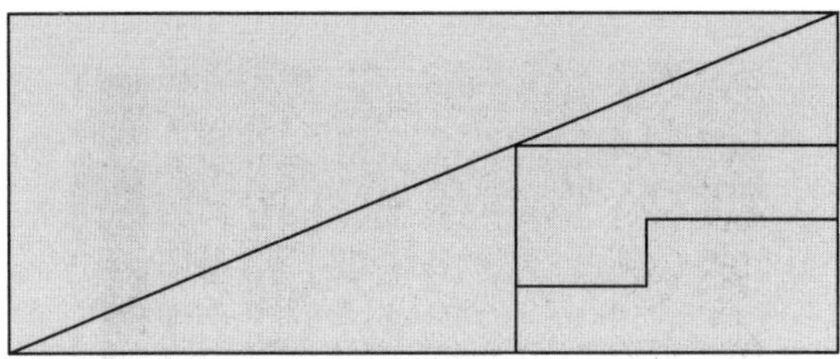

Legen Sie nun die zusammengesetzten Teile Ihren Freunden vor und wetten Sie mit einem Freund, dass Sie die Teile zu einem neuen Rechteck anordnen können, bei dem ein Teilchen auf magische Weise verschwindet. Nun tauschen Sie einfach die beiden Dreiecke aus und verschieben die übrigen Teile so, dass wieder ein Rechteck entsteht wie in der Abbildung, bei dem tatsächlich eine Lücke entstanden ist.

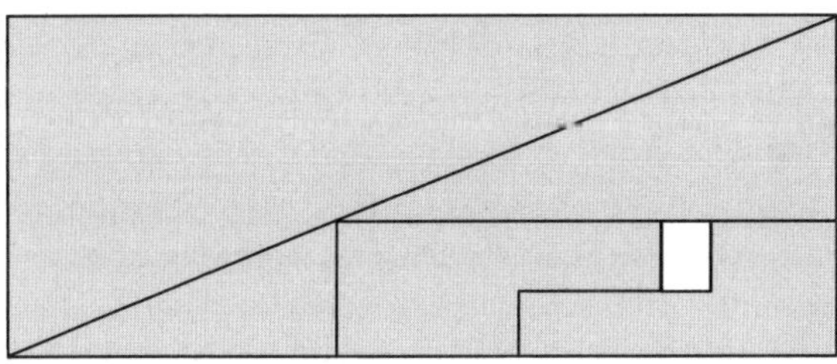

In Wahrheit weist das zweite Rechteck ein paar Ungenauigkeiten auf, die alle zusammengenommen für das fehlende Rechteck verantwortlich sind.

LONGDRINK

Fragen Sie Ihre Freunde, wer von ihnen bereit sei zu wetten, dass der Umfang eines Halbliter-Glases zweimal so groß ist wie dessen Höhe. Wenn jemand in die Wette einschlägt, beweisen Sie ihm mit Hilfe einer Schnur oder einer Serviette, dass Sie recht haben.

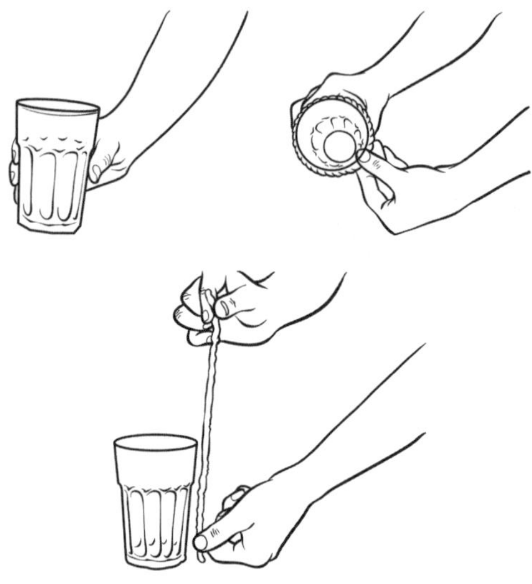

Diese Wette funktioniert zum Teil deshalb, weil wir alle dazu neigen, die Länge vertikaler Linien zu über- und die horizontaler zu unterschätzen. Die Weite der Glasöffnung ist horizontal, die Höhe vertikal, und so glauben wir meist, dass der Gegenstand schmaler und höher ist als in Wirklichkeit. Aber diese Täuschung hat auch einen Vorteil. Forscher haben Menschen gefilmt, die ein paar Stufen hinaufstiegen. Dabei war die (senkrechte) Setzstufe mal mit horizontal verlaufenden Streifen angestrichen, mal mit vertikal verlaufenden. Im letzteren Fall überschätzten die Probanden die Höhe einer Stufe, was die Wahrscheinlichkeit verminderte, dass sie darüber stolperten.

WO IST DIE DAME?

Für diese Wette benötigen Sie eine Büroklammer und fünf Spielkarten, von denen eine eine Dame sein muss. Stecken Sie die Dame in die Mitte zwischen die übrigen vier Spielkarten und breiten Sie sie aus wie in der Abbildung. Zeigen Sie die Karten nun Ihrem Wettpartner, nehmen Sie sie auf und drehen Sie sie um. Anschließend bitten Sie ihn, die Büroklammer an die Dame zu heften.

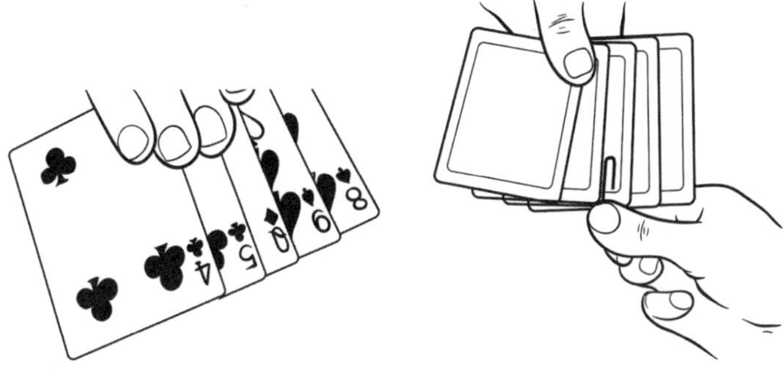

Da Sie die Karten brav wie in der Abbildung in der Hand halten, wird Ihr Gegenspieler mit der Büroklammer auch die darunter liegenden Karten erfassen. Schließlich liegt die Rückseite der Dame in einer Linie mit der Oberseite der ersten Karte. Wenn Sie nun die Karten wieder umdrehen, wird Ihr Wettpartner feststellen müssen, dass er die Büroklammer an die oben liegende Spielkarte geheftet hat - und Sie die Wette gewonnen haben.

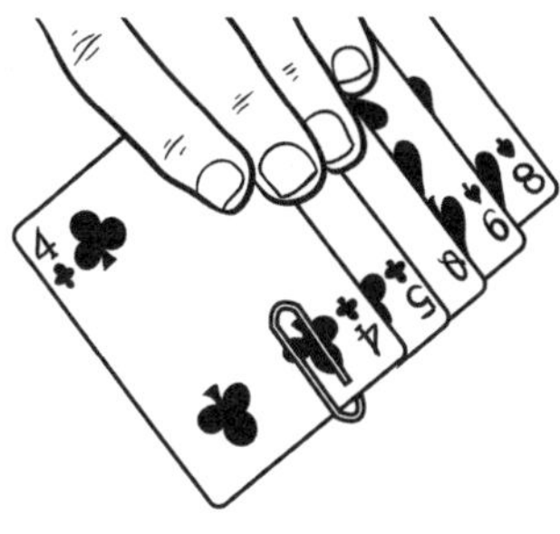

DIE AUGEN »DENKEN MIT«

Zeigen Sie jemandem diese Seite und bitten Sie ihn, den Satz im Kasten zu lesen.

> Quirkologie, der YouTube-Kanal,
> der Ihre Gedanken auf neue
> neue Wege führt.

Höchstwahrscheinlich wird er sagen: »Quirkologie, der YouTube-Kanal, der Ihre Gedanken auf neue Wege führt«. Der Satz enthält jedoch eine Wiederholung des Wortes »neue«.

Das menschliche Gehirn müsste groß wie ein Planet sein, um all das zu ordnen und zu verstehen, was ständig durch die Augen auf es einströmt. Stattdessen wählt es den kürzesten Weg und verlässt sich auf frühere Erfahrungen, um einzuschätzen, was um Sie herum vor sich geht. Wenn Sie beispielsweise an einem Stuhl nur drei Beine sehen, nehmen Sie sofort an, dass es ein viertes Bein gibt, das sich außerhalb Ihres Blickfelds befindet, weil fast alle Stühle, die Sie bislang gesehen haben, vier Beine hatten. Meistens täuscht sich unser Gehirn nicht, wenn es diese Abkürzung nimmt, und alles ist paletti. Doch hin und wieder stoßen wir auf etwas, das wir nur selten zu sehen bekommen – wie etwa einen Satz, in dem zweimal hintereinander »neue« steht –, und plötzlich sehen wir nicht, was wir vor uns haben.

MANIPULATION

Erklären Sie Ihrem Gegenüber, dass Sie ihn dazu bringen können, das Wort »sieben« zu sagen.

Dann fragen Sie: »Wie viel ist zwei plus zwei?«

»Vier«, wird er antworten.

Nun fragen Sie: »Wie viel ist drei plus drei?«

Er wird natürlich »sechs« sagen, worauf Sie erwidern: »Ich habe die Wette gewonnen, du hast ›sechs‹ gesagt.«

Er wird Ihnen entgegenhalten: »Aber du hast gesagt, du würdest mich dazu bringen, ›sieben‹ zu sagen.«

Und dann haben Sie die Wette tatsächlich gewonnen.

PROST!

Füllen Sie zwei Sektgläser zur Hälfte mit Wasser.

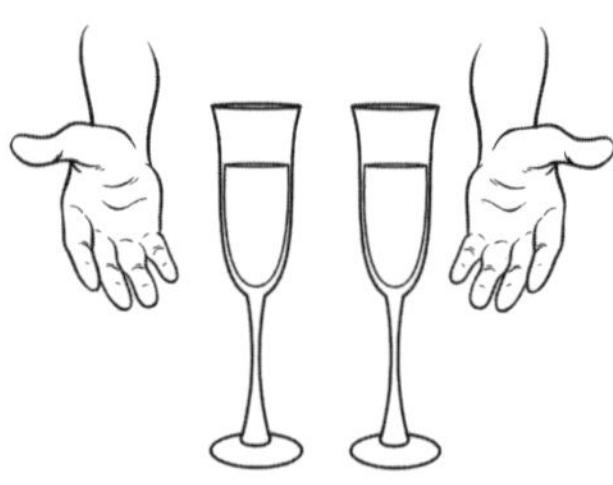

Dann erklären Sie Ihrem Freund, dass das gesamte Wasser des einen Glases in das andere passt. Aufgrund der speziellen Form eines Sektglases kommt es zu einer optischen Täuschung: Es sieht so aus, als wären sie viel voller, als es tatsächlich der Fall ist. Wenn Ihr Freund mit Ihnen wettet, gießen Sie einfach das Wasser aus dem einen in das andere. Sie haben die Wette gewonnen.

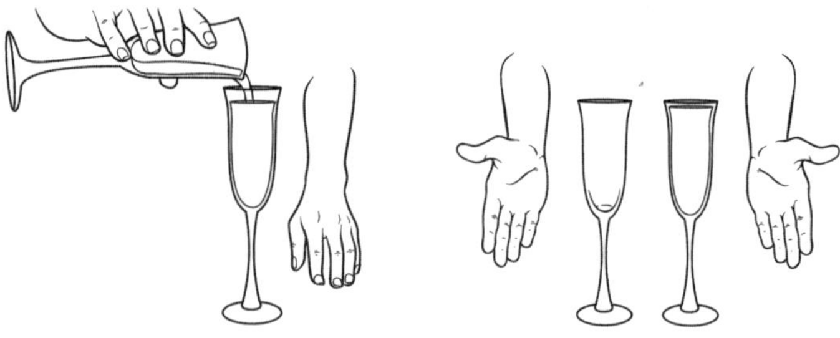

IM NU ZUM SUPERHELDEN WERDEN

Zehn Arten, eine Wette zu gewinnen, indem man das Unmögliche vollbringt

VERBLÜFFENDE FAKTEN ÜBER SUPERHELDEN

- In den 1940er Jahren gab es einen Comic-Superhelden namens Grüner Lama, der praktizierender Buddhist war und sich in alles Mögliche reinkarnieren konnte.

- Der Animeheld »Wolverine« hätte beinahe »Dachs« geheißen.

- Der »Unglaubliche Hulk« war ursprünglich grau. Doch es erwies sich als schwierig, beim Drucken immer denselben Grauton zu erzeugen, und so wurde er bald zum grünen Koloss umgestaltet.

- Zu Batmans bürgerlichem Namen Bruce Wayne ließ sich der Autor durch zwei historische Persönlichkeiten inspirieren: durch den schottischen König Robert the Bruce und den Kriegsgeneral der amerikanischen Revolution Anthony Wayne.

- William Marston erfand den Polygraphen oder Lügendetektor und schuf auch die Wonder Woman, was erklärt, warum sie mit ihrem goldenen Lasso Leute zwingen kann, die Wahrheit zu sagen.

WIE MAN DURCH EINE POSTKARTE STEIGT

Wetten Sie mit einem Freund, dass Sie durch eine Postkarte klettern können. Wenn er die Wette annimmt, falten Sie die Karte der Länge nach in der Mitte und schneiden sie abwechselnd von der einen und anderen Seite tief ein wie in der Abbildung.

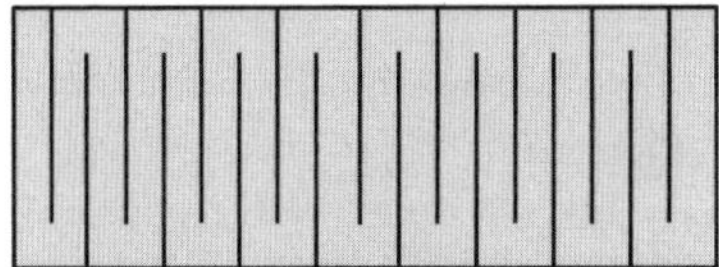

Dann klappen Sie die Karte auf und machen einen Schnitt an der gepunkteten Linie. Aber Vorsicht, achten Sie darauf, dass Sie nicht die Ränder der Karte durchschneiden.

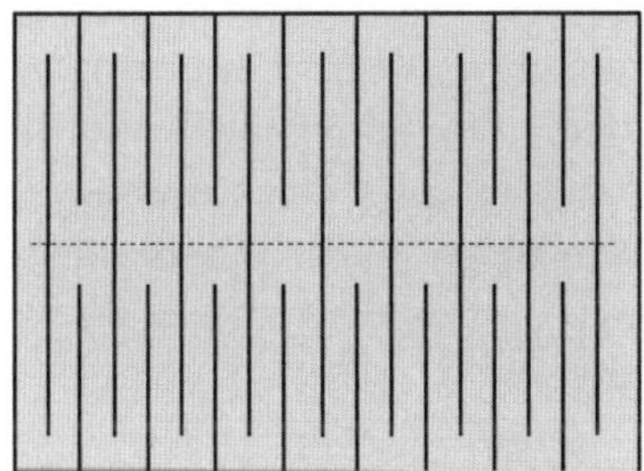

Wenn Sie nun vorsichtig an den Enden ziehen, öffnet sich die Karte zu einem großen Ring, durch den Sie ohne weiteres durchsteigen können.

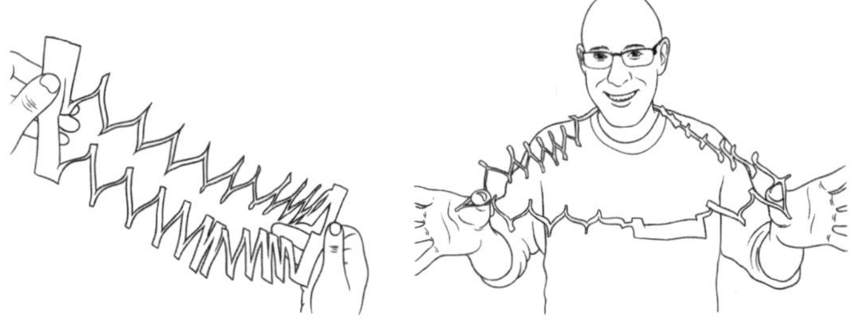

Die erste Postkarte der Welt wurde 1840 von dem Engländer Theodore Hook kreiert und versandt. Er adressierte sie an sich selbst und wollte sich damit über den Postdienst lustig machen, denn sie zeigt Postarbeiter als stumpfsinnige Schreiberlinge. Im Jahr 2002 wurde Hooks bahnbrechende Erfindung für sage und schreibe 31.750 englische Pfund versteigert. Theodore Hook erdachte auch eine der verblüffendsten Wetten des 19. Jahrhunderts. Hook wettete 1810 mit einem Freund, er könne in einer Woche jedes x-beliebige Londoner Haus zu einer Adresse machen, die in aller Munde sei. Sein Freund wählte daraufhin ein kleines Haus in der Berners Street.

Hook verschickte Hunderte Briefe mit Bestellungen für diese Adresse, und innerhalb weniger Tage traf dort ein unendlicher Strom von Händlern und Dienstleistern ein, darunter Schornsteinfeger, Kuchenbäcker, Anwälte, Fischhändler, Schuhmacher und Klavierstimmer. In einer weiteren Briefflut lud Hook verschiedene Würdenträger zum Tee in das Haus, darunter den Chef der Bank von England, den Erzbischof von Canterbury und den Oberbürgermeister von London. Hooks Aktion rief ein totales Chaos hervor, bis schließlich die Polizei gerufen wurde, um Leute am Besuch des Hauses zu hindern. Hook selbst beobachtete die ganze Sache vom gegenüberliegenden Haus aus, hoch erfreut, dass er seine ausgefallene Wette gewonnen hatte.

DIE STELLE MIT DEM X

Zeichnen Sie auf einen Pappstreifen beidseitig ein »X«.

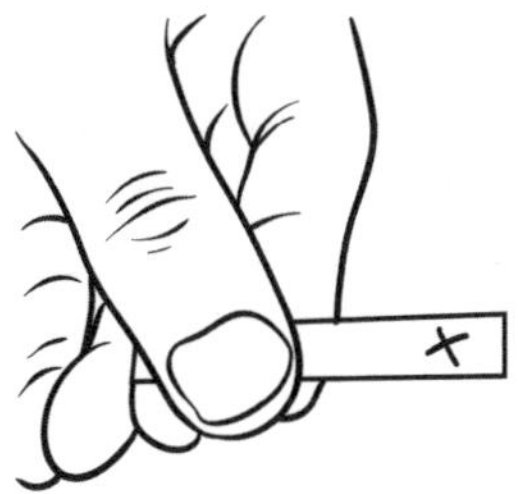

Erklären Sie Ihrem Freund, dass Sie das Pappstück auf den Tisch fallen lassen und er gewinnen wird, wenn es mit dem »X« nach oben zeigend landet. Bevor Sie zur Tat schreiten, falten Sie die Pappe zu einem »L«. So wird sie stets auf dem Rand landen, und Sie gewinnen die Wette.

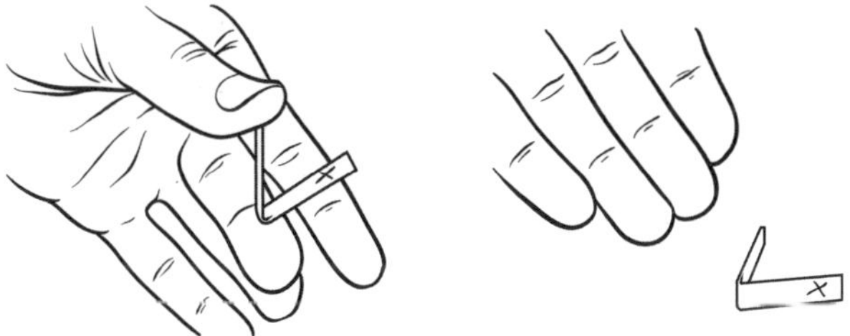

GEFANGEN

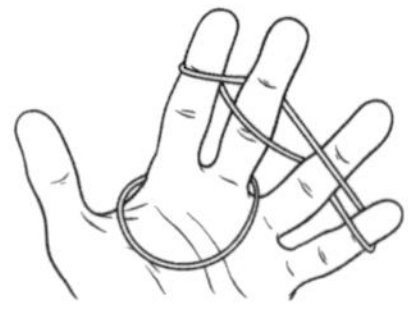

Legen Sie ein Gummiband über Zeige- und Mittelfinger. Dann wickeln Sie ein zweites Gummiband um Ihre Finger (ohne Daumen) wie in der Abbildung.

Nun erklären Sie, dass Sie das erste Gummiband um Ring- und kleinen Finger legen können, ohne das zweite Gummiband zu entfernen. Um die Wette zu gewinnen, ziehen Sie das Gummiband einfach auseinander wie hier, ...

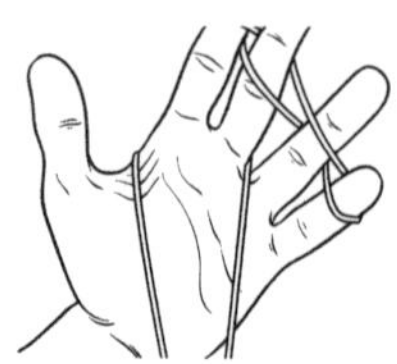

... knicken anschließend die vier Finger nach innen und schieben das erste Gummiband darüber. Wenn Sie dann die Hand wieder öffnen, ist das erste Gummiband auf Ring- und kleinen Finger übergesprungen.

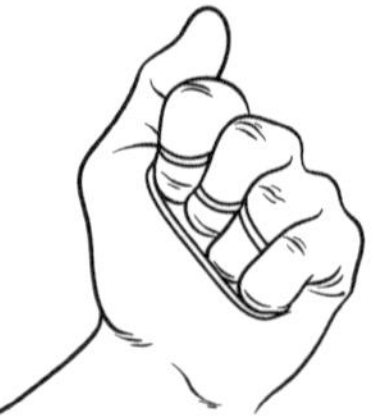

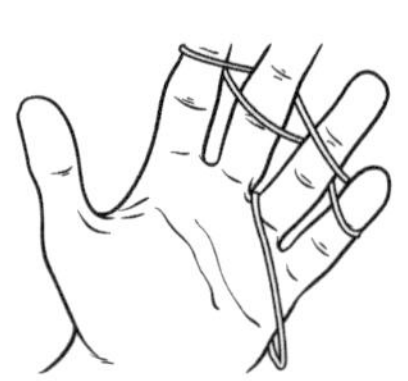

Der um die Wende zum letzten Jahrhundert lebende Amerikaner William Spencer ärgerte sich so darüber, dass seine Lokalzeitung ständig auseinanderfiel und die Seiten über die Straße geweht wurden, dass er 1923 Fahrradreifen in Ringe zerschnitt und die lokalen Druckanstalten überredete, ein solches Band um die Zeitungen zu wickeln. Der Plan ging auf, und Spencer verkaufte seine neumodischen »Gummibänder« in der gesamten Region. Heute stellt Spencers Unternehmen – Alliance Rubber – jährlich über 6 Millionen Kilogramm Gummibänder her.

DER UNMÖGLICHE KNOTEN

Geben Sie jemandem ein Stück Seil oder Schnur und fordern Sie ihn auf, es an den beiden Enden zu fassen und einen Knoten hineinzubinden, ohne es loszulassen. Wenn er aufgibt, legen Sie das Seil auf den Tisch, verschränken die Arme, packen die beiden Enden und lösen dann die Arme voneinander. Voilà, der Knoten ist fertig.

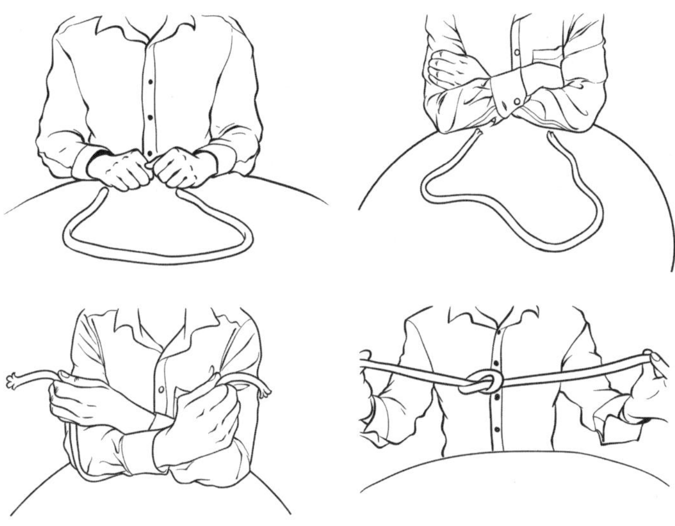

Indem Sie die Arme verschränken, verknoten Sie sie eigentlich. Wenn Sie dann die Enden der Schnur nehmen, verlängern Sie gewissermaßen die Arme, und wenn Sie sie wieder voneinander lösen, übertragen Sie den »Armknoten« auf die Schnur.

TRENNUNG

Stellen Sie einen Plastikbecher in einen anderen und fordern Sie jemanden dazu heraus, die beiden voneinander zu trennen, ohne sie zu berühren.

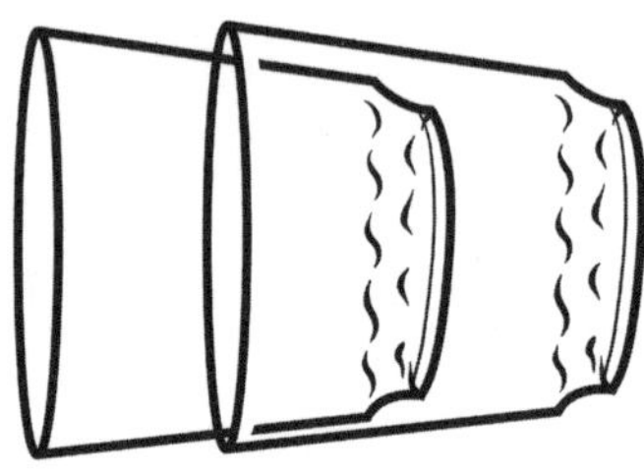

Um die Wette zu gewinnen, blasen Sie einfach in den Bereich zwischen den beiden Bechern. Sie werden sofort auseinanderfliegen.

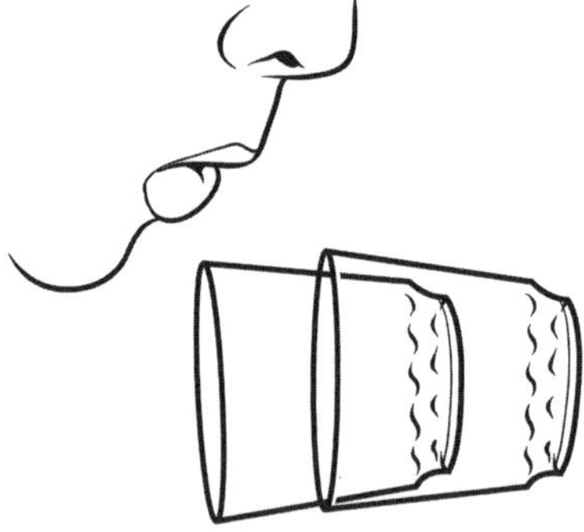

EIN GROSSER SPRUNG

Stellen Sie zwei Stühle nebeneinander und erklären Sie Ihrem Freund, dass Sie Ihre Schuhe ausziehen und darüber springen werden.

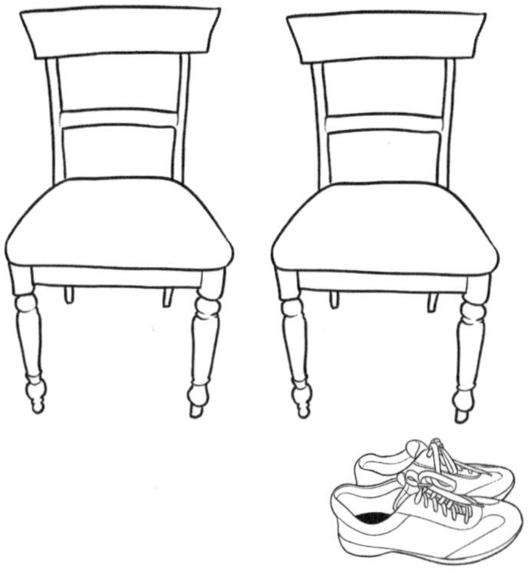

Wenn Ihr Freund dagegen wettet, ziehen Sie Ihre Schuhe aus, stellen sie auf den Boden und springen darüber!

PEANUTS

Wetten Sie mit Ihrem Freund, dass Sie ihm etwas zeigen können, was noch kein Mensch je zuvor gesehen hat und auch keiner je wieder sehen wird. Geht Ihr Freund darauf ein, ziehen Sie eine Erdnuss aus der Tasche und öffnen sie. Dann stecken Sie den Erdnusskern in den Mund und essen ihn. Niemand wird ihn je wieder sehen!

Erdnüsse sind keine Nüsse, sondern vielmehr eine Gemüseart – das heißt, eine Pflanze, deren Früchte in Schoten heranwachsen (wie Erbsen oder Bohnen). Und während Nüsse an Bäumen wachsen, entstehen Erdnüsse unter der Erde.

DER MAGISCHE KULI

Wetten Sie mit Ihrem Freund, dass Ihr neuer Kuli jede x-beliebige Farbe schreiben kann.

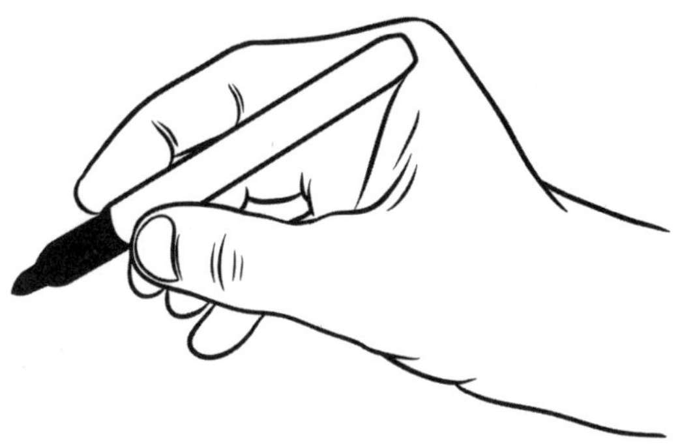

Wenn Ihr Freund auf die Wette eingeht, bitten Sie ihn, eine Farbe zu nennen. Wenn er zum Beispiel »Rot« sagt, schreiben Sie einfach das Wort »ROT«! Ihr Kuli kann also tatsächlich jede Farbe schreiben, und Sie haben die Wette gewonnen.

VERHAKT

Für diese Wette benötigen Sie einen Geldschein und zwei Büroklammern.

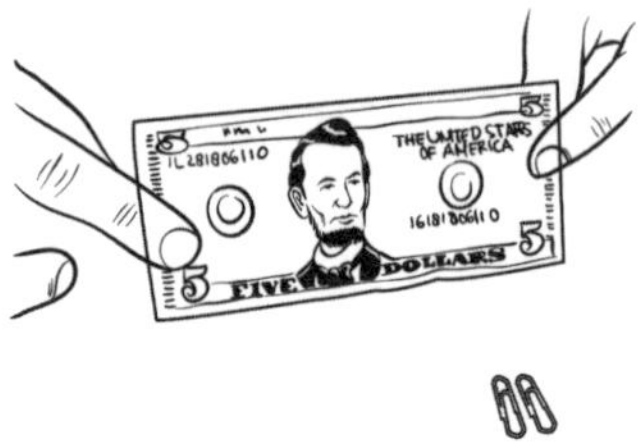

Verkleinern Sie den Schein auf ein Drittel seiner Größe, indem Sie ihn zickzackartig zusammenfalten. Dann fassen Sie die drei so entstandenen Lagen einmal von vorn und einmal von hinten mit den Büroklammern zusammen.

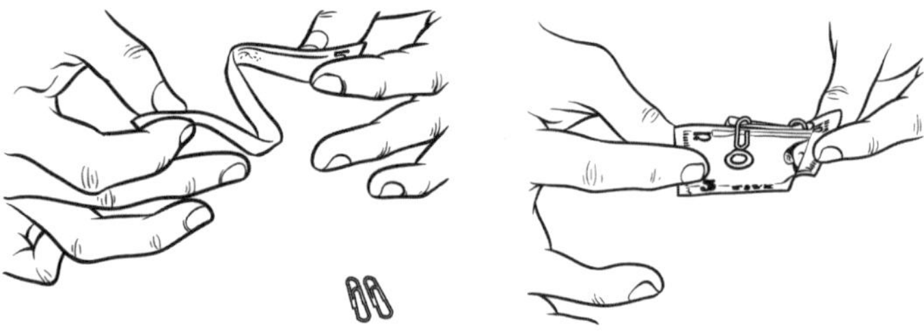

Nun erklären Sie Ihrem Freund, dass Sie die Büroklammern so vom Geldschein wegspringen lassen, dass sie bei der Landung ineinander verhakt sind. Um die Wette zu gewinnen, brauchen Sie nur den Geldschein an den beiden Enden auseinanderzuziehen!

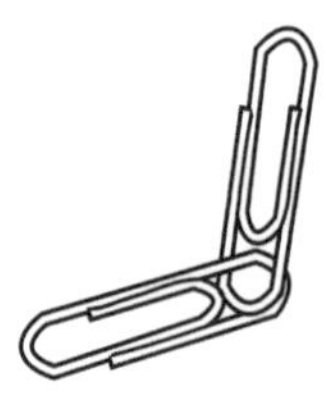

DAS KÜCHENHUHN

Fragen Sie Ihre Freunde, ob sie es für möglich halten, ein Geschirrtuch in ein Huhn zu verwandeln. Wenn sie das verneinen, legen Sie ein Geschirrtuch aus, rollen es von den beiden kurzen Seiten her auf, bis sich beide in der Mitte treffen ...

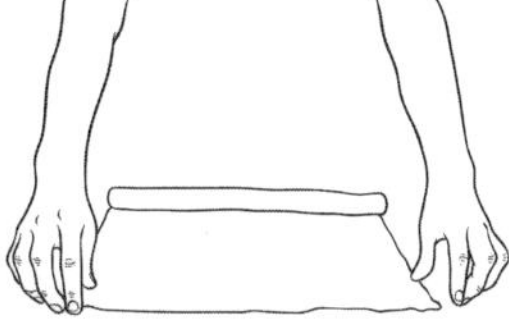

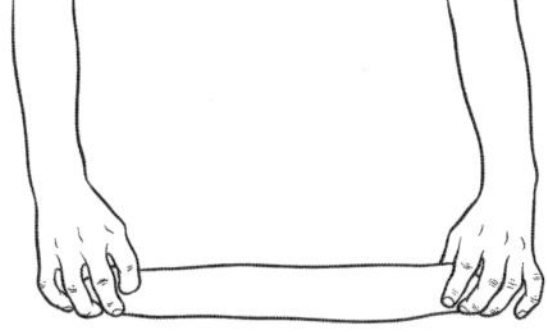

..., dann falten Sie die doppelte Rolle in der Mitte, ziehen die vier Ecken heraus, ...

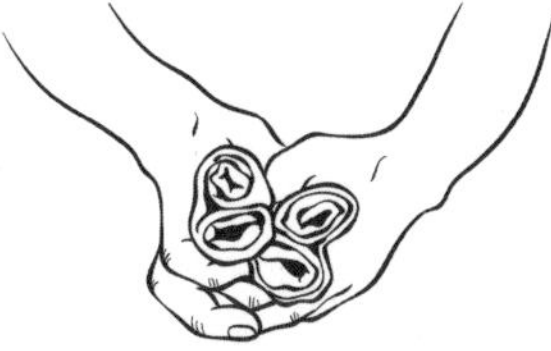

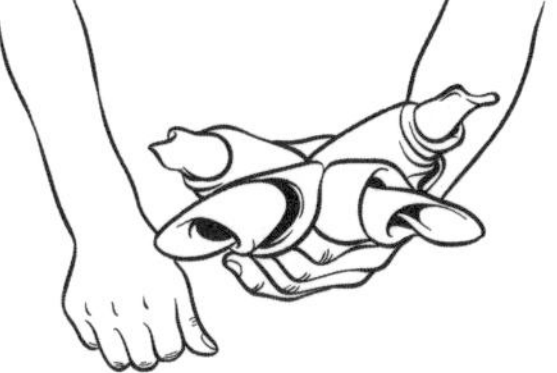

... nehmen zwei Ecken in die eine und die anderen beiden in die andere Hand. Nun ziehen Sie kräftig an diesen Enden, und plötzlich hängt ein Huhn an Ihrer Hand!

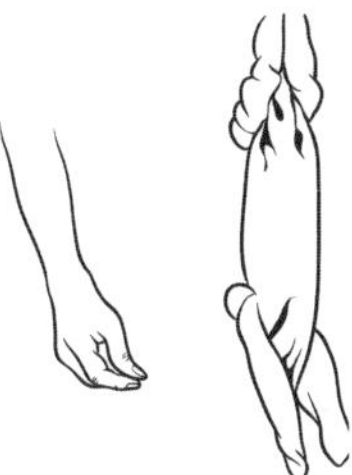

Wenn sich Ihre Freunde schwertun, das Huhn zu erkennen, erklären Sie ihnen, dass sehr phantasiebegabte Menschen in der Regel auch sehr intelligent sind.

SPIEL MIT DEM FEUER

Zehn Arten, eine Wette mit Kerzen und Streichhölzern zu gewinnen

VERBLÜFFENDE FAKTEN ÜBER FEUER

- Im Irak gibt es ein Ölfeld, aus dem seit Tausenden Jahren ununterbrochen Gasflammen schlagen. Das Phänomen wird bereits im Alten Testament erwähnt.
- Das Patent für den ersten Hydranten der Welt wurde durch Flammen zerstört.
- Amerikanische Feuerwehrwachen waren früher mit spiralförmigen Treppen ausgestattet, weil die Zugpferde mit der Zeit lernten, gerade Treppen hochzusteigen.
- Der heißeste Bereich einer Kerzenflamme ist lichtblau und hat eine Temperatur von 400 Grad Celsius.
- Im Zustand der Schwerelosigkeit steigt warme Luft nicht nach oben. Wenn Astronauten im All eine Kerze anzünden, hat daher die Flamme die Form einer Kugel statt der sonst üblichen Ellipse.

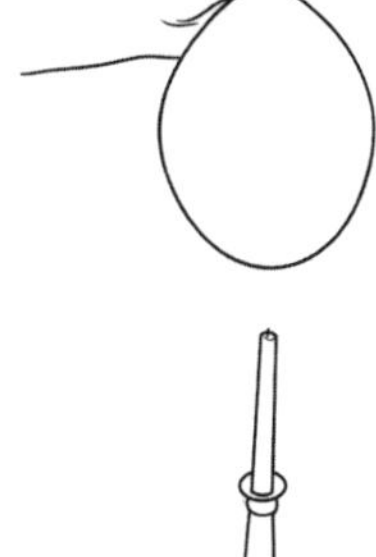

Wetten Sie mit jemandem darauf, dass Sie einen aufgeblasenen Ballon über eine brennende Kerze halten können, ohne dass er zerplatzt.

Um die Wette zu gewinnen, gießen Sie Wasser in den Ballon, bevor Sie ihn aufblasen, binden ihn zu und halten ihn dann vorsichtig über die Kerze. Erstaunlicherweise platzt er nicht.

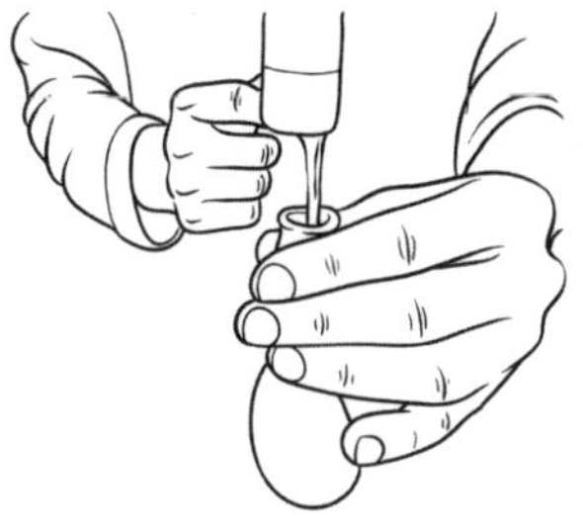

Hält man einen aufgeblasenen Ballon über eine Flamme, wird seine Gummihaut sofort schmelzen. Wenn sich in dem Ballon aber etwas Wasser befindet, nimmt es dessen Wärme sofort auf. Und was noch besser ist: Es ist viel Energie nötig, bis sich Wasser erhitzt. Es dauert also eine Weile. Das ist der Grund, warum der Ballon kühl bleibt und nicht sofort platzt.

STREICHHOLZFLAMME UNTER WASSER

Verkünden Sie Ihren Freunden, dass Sie ein brennendes Streichholz unter Wasser halten können, ohne dass es erlischt. Wenn sie darauf wetten, dass Ihnen das nicht gelingt, entzünden Sie ein Streichholz und halten es unter ein Glas Wasser. Wörtlich genommen befindet sich somit ein brennendes Streichholz unter Wasser.

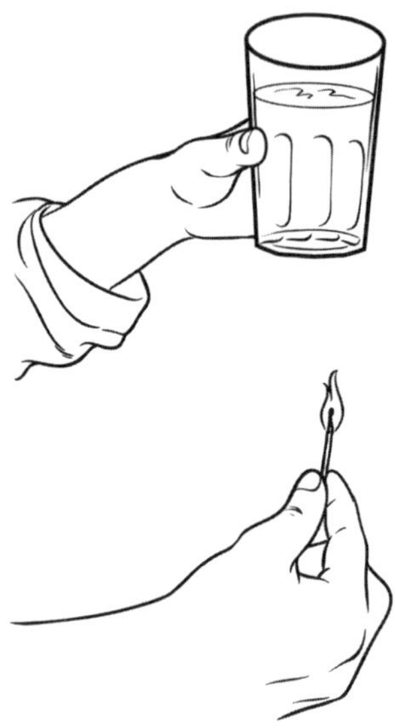

CANDLE IN THE WIND

Für diese Wette benötigen Sie einen Trichter und eine Kerze. Zünden Sie die Kerze an und fordern Sie jemanden auf, sie mit einem Trichter auszublasen, wie die Abbildung zeigt. Verblüffenderweise wird das keinem gelingen, so kräftig er auch bläst.

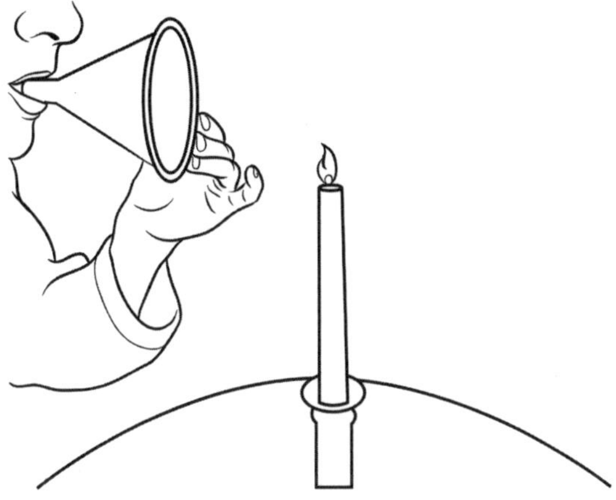

Manche Wissenschaftler vertreten die Ansicht, wenn man in den Trichter hineinblase, breite sich der Atem entlang der Trichterwände aus und es gelange nur sehr wenig Luft bis zur Flamme. Andere haben nicht die geringste Ahnung, was der Grund für dieses Phänomen ist. Jedenfalls ist es ganz leicht, die Kerze auszublasen, wenn man den Trichter umdreht und von der offenen Seite in ihn hineinbläst.

BURN BABY BURN

Stechen Sie ein Loch in eine leere Streichholzschachtel und stecken Sie ein Streichholz senkrecht hinein. Legen Sie eine Münze auf die Streichholzschachtel und platzieren Sie ein zweites Streichholz auf der Münze und lehnen Sie es an die Spitze des senkrechten Streichholzes. Nun fordern Sie Ihre Freunde auf, die Münze zu entfernen, ohne eins der Streichhölzer zu berühren.

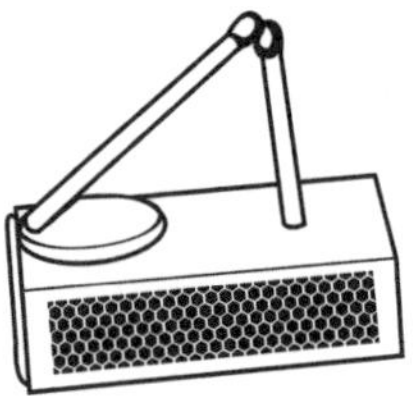

Um die Wette zu gewinnen, entzünden Sie das diagonal liegende Streichholz in der Mitte. Die Flamme wird an dem Hölzchen hinaufwandern, das senkrecht stehende ebenfalls entzünden und beide Köpfe zusammenkleben. Zugleich wird das untere Ende des diagonalen Hölzchens angehoben, so dass man die Münze ohne weiteres entfernen kann.

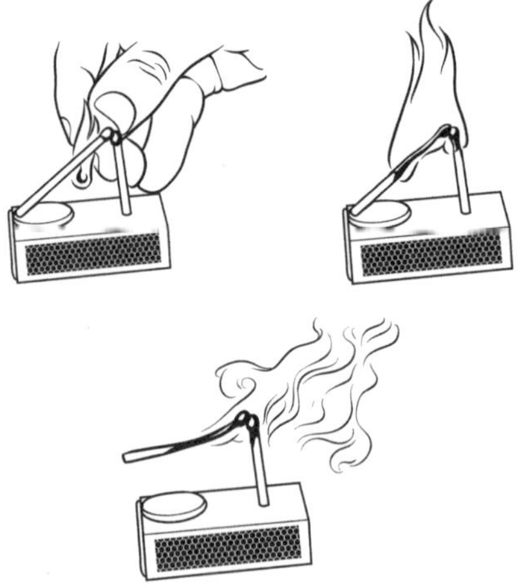

GLASBLÄSEREI

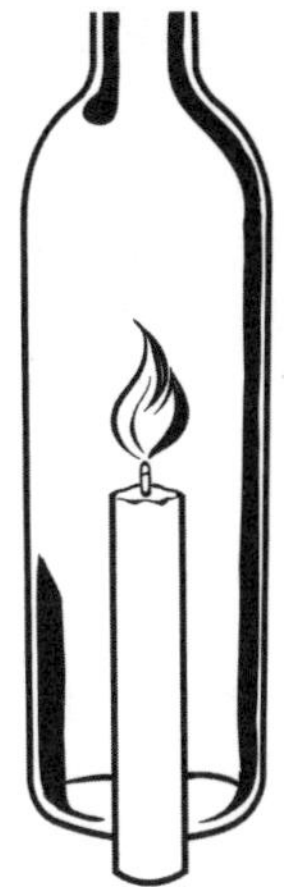

Platzieren Sie eine brennende Kerze vor eine Glasflasche, stellen Sie sich selbst dahinter und erklären Sie Ihren Freunden, dass Sie die Kerze ausblasen können, ohne die Flasche zu berühren oder Ihre Position zu verändern.

Um die Wette zu gewinnen, blasen Sie einfach die Flasche an. Die Luft strömt um ihre Außenwand, und die Kerze wird erlöschen.

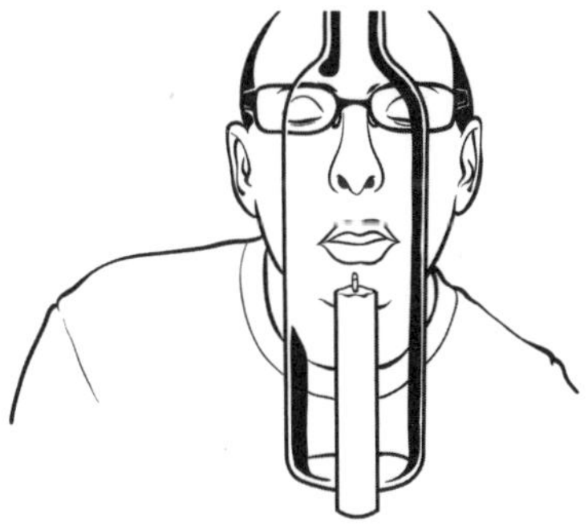

STEIGENDES WASSER

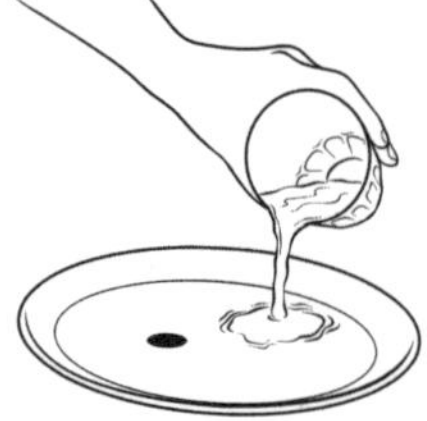

Legen Sie eine Münze auf einen Teller und gießen Sie Wasser darüber. Wetten Sie mit Ihren Freunden darauf, dass Sie die Münze entfernen können, ohne sich die Finger nass zu machen.

Um die Wette zu gewinnen, stecken Sie drei Streichhölzer in einen Flaschenkorken, stellen ihn in das Wasser und entzünden die Streichhölzer.

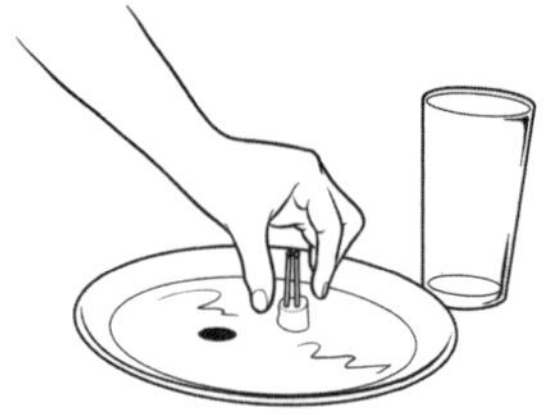

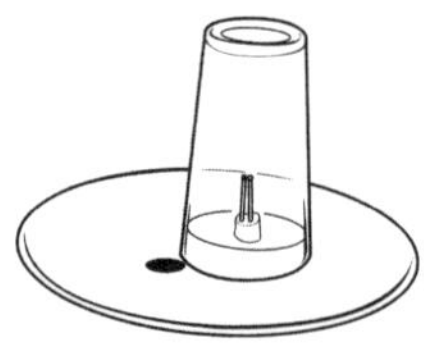

Stülpen Sie ein Glas über den Korken. Es sollte die Münze nicht berühren. Das Wasser wird in das Glas gesogen, so dass Sie die Münze entfernen können, ohne dass Ihre Finger nass werden. Falls Sie keinen Korken in Ihrem Haushalt finden, können Sie stattdessen eine Zitronenscheibe verwenden.

Wenn Sie das Glas über den Korken stülpen, erwärmen die Flammen die Luft darin. Sie dehnt sich aus, und ein Teil davon dringt unter dem Glasrand nach außen. Die Scharfsichtigen unter Ihnen haben sicher die kleinen Luftbläschen im Wasser bemerkt. Nach dem Erlöschen der Streichhölzer kühlt die Luft im Glas wieder ab und zieht sich zusammen. Dabei saugt sie das Wasser in das Glas, so dass die Münze auf dem Trockenen liegt.

EINE KLEBRIGE LÖSUNG

Für diese Wette benötigen Sie zwei Gläser, ein Streichholz und ein paar Münzen. Stapeln Sie die Münzen aufeinander, stülpen Sie ein Glas darüber und klemmen Sie das Streichholz zwischen die beiden Gläser wie in der Abbildung - der Streichholzkopf muss an dem leeren Glas anliegen. Dann fordern Sie Ihre Freunde auf, die Münzen zu entfernen, ohne dass das Streichholz herunterfällt.

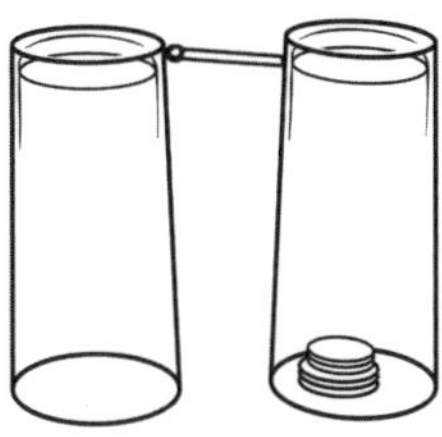

Um die Wette zu gewinnen, entzünden Sie das Streichholz und blasen es rasch wieder aus. Warten Sie dann ein paar Sekunden, und das Streichholz wird sich an die Glaswand heften. So können Sie das andere Glas hochheben und die Münzen wegnehmen.

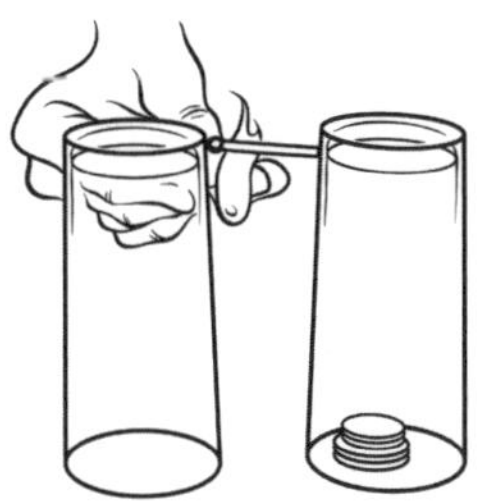

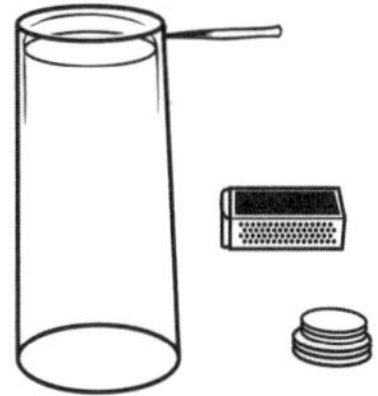

HEISSLUFTBALLON

Wetten Sie, dass Sie ein Glas mit Hilfe eines aufgeblasenen Ballons hochheben können.

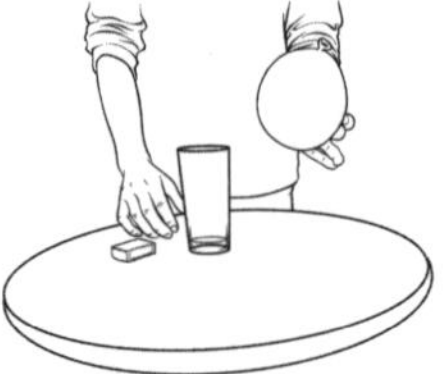

Um die Wette zu gewinnen, legen Sie vorsichtig ein brennendes Streichholz in das Glas und drücken den Ballon auf den Rand. Das Streichholz brennt ab und der Ballon wird angesaugt, so dass Sie das Glas am Ballon hochheben können.

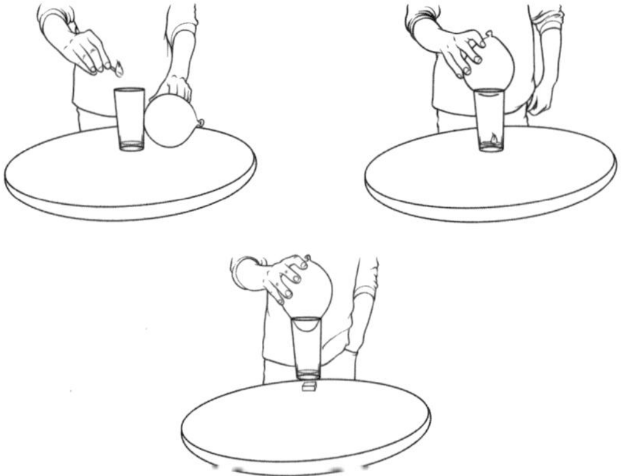

Warum funktioniert das? Das brennende Streichholz erwärmt die Luft, so dass sie sich ausdehnt, aufsteigt und allmählich aus dem Glas entweicht. Wenn man den Ballon auf das Glas drückt und das Streichholz erlischt, kühlt die verbleibende Luft im Glas wieder ab und zieht sich zusammen. Dabei wird der Ballon angesaugt und fest an den Glasrand gedrückt.

RAKETENSTART

Verkünden Sie, dass Sie einen Teebeutel in eine Rakete verwandeln können. Für diese Wette benötigen Sie einen Teebeutel mit Falten an den Seiten, der oben zusammengeklammert ist.

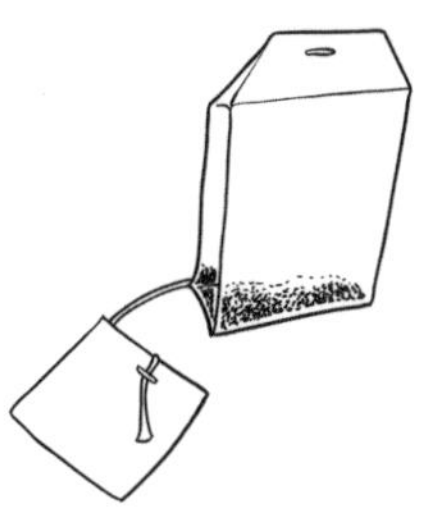

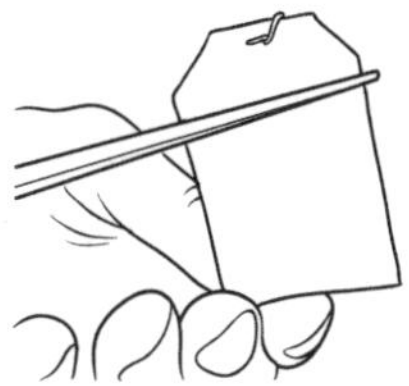

Schneiden Sie das obere und untere Ende vom Teebeutel ab (die Heftklammer inklusive), öffnen Sie ihn und lassen Sie den Tee herausrieseln. Dann formen Sie den Teebeutel zu einem Röhrchen und stellen es senkrecht auf einen Teller.

Anschließend zünden Sie das Röhrchen am oberen Rand an. Kurz bevor es abgebrannt ist, wird das ganze Ding in die Luft fliegen wie eine Rakete!

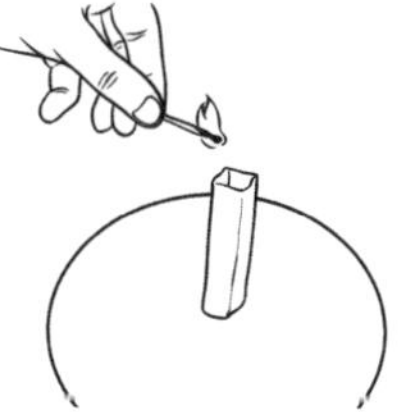

Durch das Anzünden des Röhrchens erwärmt sich die Luft darin und steigt auf. Während es zu Asche wird, verliert es stark an Gewicht, bis schließlich der Auftrieb ausreicht, den Teebeutel abheben zu lassen. Heißluftballons funktionieren nach demselben Prinzip und wurden ursprünglich aus Riesenteebeuteln hergestellt (kleiner Scherz).

ZÜNDUNG HAT FUNKTIONIERT

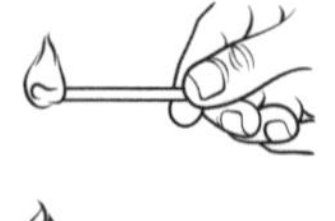
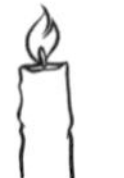

Fordern Sie Ihre Freunde auf, eine Kerze anzuzünden, jedoch ohne sie mit einem Streichholz oder einem Feuerzeug zu berühren. Wenn sie ihre entsprechenden Versuche aufgeben, zünden Sie die Kerze zunächst mit einem Streichholz an.

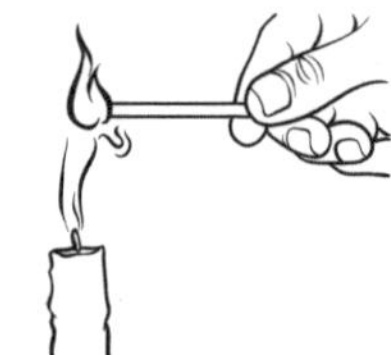

Nun blasen Sie sie rasch wieder aus und halten das Streichholz genau in die vom Docht aufsteigende Rauchsäule.

Die Flamme wird auf magische Weise an der Rauchsäule hinabwandern und die Kerze wieder entflammen!

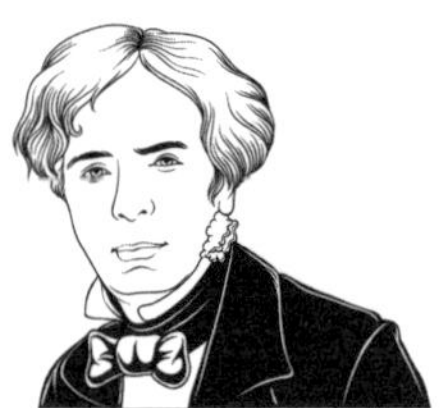

Die Kerzenwissenschaft ist ein faszinierendes Gebiet, und 1860 hielt der große Forscher der viktorianischen Ära Michael Faraday an der Royal Institution in London sechs Vorlesungen über das Thema.
Wir haben hier leider nicht so viel Zeit, deshalb werde ich mich kurz fassen. Wenn eine Kerze brennt, verdampft das am Docht hochsteigende Wachs.
Bläst man die Kerze aus, reicht die im Docht verbliebene Hitze aus, um weiterhin Wachs zum Verdampfen zu bringen, und der Dampf steigt in einer Rauchsäule auf. Hält man ein brennendes Streichholz in den Wachsdampf, wird dieser, voilà, entzündet, und die Flamme wandert am Rauch entlang hinunter zum Docht.

GLÜCK GEHABT

Zum Abschluss habe ich mir gedacht, es könnte nett sein, dieses Buch selbst zum Gegenstand einer Wette zu machen. Die folgende Wette ist mein absoluter Favorit, und ich hoffe, Sie haben Ihren Spaß daran.
Danke fürs Mitmachen. Ich erwarte Sie demnächst im Quirkologie-Programm bei YouTube, wo Sie weitere spitzfindige Wetten und verblüffende Täuschungen kennenlernen können.

Geben Sie Ihren Freunden einen Würfel und wetten Sie mit ihnen, dass sie es nicht schaffen werden, innerhalb von dreißig Sekunden ...

- den Würfel rollen zu lassen
- die Zahl der Punkte auf der Ober- und Unterseite zusammenzuzählen
- die entsprechende Seite in diesem Buch aufzuschlagen.

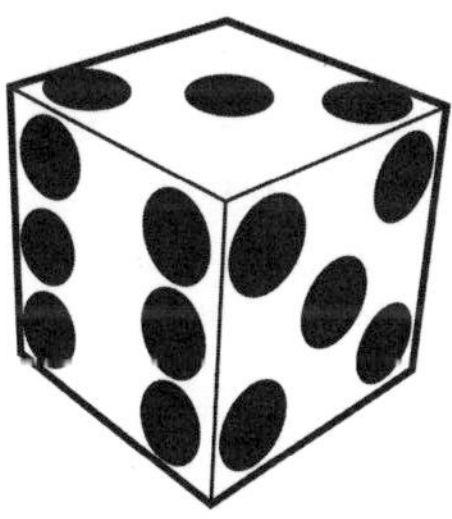

Wenn der Würfel gefallen ist, ist die Summe der Punkte auf der Ober- und Unterseite immer sieben.
Es gibt aber keine Seite 7 in diesem Buch, und so werden Sie diese Wette immer gewinnen!

DANK

Dieses Buch wäre ohne die Hilfe anderer nicht zustande gekommen. Zunächst gilt mein Dank den vielen klugen Köpfen, die die Wetten erdacht und mir zur Verfügung gestellt haben, vor allem Martin Gardner, Mel Stover, Alex Conran und Paul Wilson. Ich danke auch all denen, die mir zusätzliche Informationen haben zukommen lassen, wie etwa Alom Shah, Bill Kalush, Gordon Rutter und Bernard Carr. Mein besonderer Dank geht an David Britland für seine Hilfe und Beratung, an Jeff Sanford dafür, dass er alles ausprobiert hat, und an Caroline Watt für ihre unermüdliche Unterstützung und Geduld. Und schließlich möchte ich meinem Lektor Robin Harvie, meinem Agenten Patrick Walsh und den Millionen Menschen danken, die so freundlich waren, meine Quirkologie-Videos auf YouTube anzuschauen.

Marc Kushner
Die Zukunft der Architektur in 100 Bauwerken
Aus dem Englischen von Martina Wiese
Band 03389

Ein Pavillon aus Papier, eine aufblasbare Konzerthalle, ein Forschungslabor, das durch den Schnee laufen kann – von den Gebäuden von morgen wird mehr verlangt. Marc Kushner hat 100 innovative Gebäude auf der ganzen Welt ausgewählt, um sie uns in Bild und Text vorzustellen. Eine faszinierende Reise durch die Architektur der Zukunft.

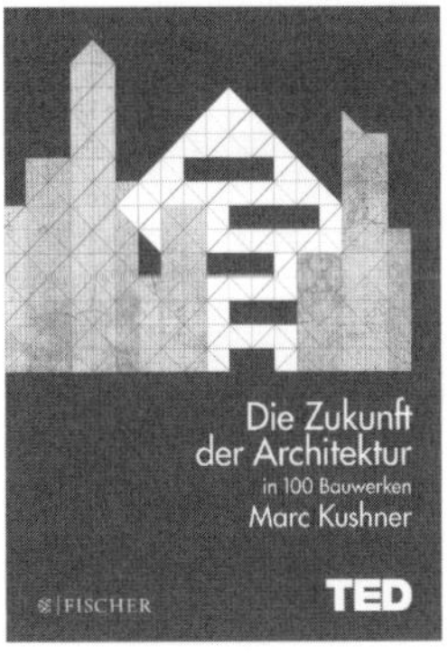

Weitere Informationen gibt es unter
www.fischerverlage.de/tedbooks

fi 03389 / 1